大卒程度

ゼロから特訓！

警察官・消防官

ストロング テキスト

数的推理

西川マキ 著

エクシア出版

はじめに

　こんにちは。西川マキです。本書を手に取っていただきありがとうございます。

　この本は、「勉強しなきゃ……と思っていたのに、後回しにしていました！」なんていう警察官・消防官志望の受験生に向けて書き下ろした、数的処理をゼロから特訓するテキストです。

　「数的処理」という科目は、皆さんがこれから受ける警察官や消防官の教養試験の中で 30 〜 40％を占める、ウルトラ級のスペシャル重要科目です。40 〜 50 問ある教養試験の中で 15 問前後出題されますので、これを「捨て科目」や「運ゲー」などの言葉で片づけるわけにはいきません（泣）。

　特に、「数的推理」は「判断推理」と並んで数的処理の要となる分野です。具体的には、小学校から中学校くらいまでに学んだ算数・数学で、「整数」「割合」「速さ」「確率」「図形」などがあります。

　本書は、数学が苦手な方や忘れてしまった方のために、必要な「キソ知識」を入れ、解説を丁寧にすることを心掛けました。

　そして、実践的に取り組めるように、掲載しているすべての問題が警視庁と東京消防庁の過去問となっています。他の警察官や消防官の試験問題は公開されていないため、本書には載っていませんが、ほぼ同レベルの問題ですので、安心してください。

　はじめは時間がかかるかもしれませんが、解説を読みながら書いて、考え方や式の立て方を身につけましょう。パッと解法が浮かび、1 問 3 〜 4 分で解けるようになるまで、繰り返しトレーニングすることが大切です。

　本書が、皆さんの受験勉強の一助となることを心から祈っています。

　最後になりますが、畑中敦子先生をはじめとするエクシア出版のスタッフの皆様、ご協力いただいたすべての方にお礼を申し上げます。

2020 年 7 月

　　西川マキ

INDEX

本書の使い方

頻出度
警察官、消防官それぞれの頻出度を掲載。

キソ知識
その章の問題を解くうえでベースとなる知識のまとめ。

ウォームアップ
その章の代表的な問題を1問ピックアップして解説。

側注
本文の解説を細やかにフォロー。

トレーニング
警視庁、東京消防庁の過去問から選りすぐりの問題を掲載。

ココをCHECK！
問題の最後で、問題を解くポイントや、目のつけどころを紹介。

算数・数学のキソ知識
必要な「算数・数学」の知識を忘れていたら、ここをチェック。

Check online movie

動画講義のご案内

本書の解説動画をご覧いただくには、エクシア出版のメルマガ会員に
ご登録いただく必要がございます。メルマガ会員への登録は無料です。

手順1　会員登録をする

＜パソコンから登録＞
エクシア出版のホームページ（https://exia-pub.co.jp/）
をブラウザで立ち上げ、画面右上または下の会員登録
ボタンから、会員登録フォームに移動します。

＜スマートフォン・携帯電話から登録＞
エクシア出版のホームページ画面右上または
右下のアイコンから会員登録フォームに移動し
ます。

こちらの QR コードから
も会員登録フォームへの
移動が可能です。
↓

必要事項をご入力・送信後、ご登録いただいたメールアドレス宛に登録確認メー
ルとログインパスワードが記載されたメールが自動配信されます。

※ご登録前に、登録ページの注意事項を必ずご一読ください。
※@exia-pub.co.jp からのメールを受信できるよう、ドメイン設定の変更をお
　願い致します。
※パスワードは不定期で変更されることがあります。その際、新しいパスワード
　はメルマガでお知らせ致します。

手順2　会員専用ページにログインする

ログインにはご登録いただいたメールアドレスと付与されたパスワードが必要になります。

＜パソコン＞

＜スマートフォン・携帯電話＞

動画の配信には期限があります。まずはホームページでご確認ください。
動画は予告なく変更・終了する場合があります。

※画面上の文言・デザイン
等は変更になる場合があ
ります。

数的推理の中でも頻出度の高い方程式、不等式から始めましょう。未知数を x や y などの文字で表し、式を立てます。

頻出度
警察 ★ ★ ★ ★ ★
消防 ★ ★ ★ ★ ☆

キソ知識 1 1次方程式

文字（x, y など）を含む等式を方程式といいます。

x の1次方程式では、「$x =$〜」という形になるように、「x の項（左辺）と数の項（右辺）に分ける→それぞれを計算する→両辺を x の係数で割る」という手順で式を変形させて、解を求めましょう。

ヒトコト

x の前についている数のこと。$3x$ だったら係数は3、$-5x$ だったら係数は -5 だよ。

 例

次の1次方程式を解きなさい。
$$-5(x - 9) = -2x + 15$$

まずはカッコをはずすところから始めて、次のように計算します。移項する（他辺に移す）ときは、プラスマイナスが逆になるので気を付けましょう。

$-5(x - 9) = -2x + 15$ 〉 -5 を掛けてカッコをはずす

$-5x + 45 = -2x + 15$ 〉 x の項（左辺）と数の項（右辺）に分ける

$-5x + 2x = 15 - 45$ 〉 それぞれを計算

$-3x = -30$ 〉 両辺を -3 で割る

$x = 10$

キソ知識 2 連立方程式

x と y のように、2 つ以上の文字を含み、2 つ以上の方程式を連立させたものを連立方程式といいます。代入法、加減法の 2 つの解法があり、どちらも 1 つの文字を消して、x または y の 1 次方程式にします。

例

次の連立方程式を解きなさい。
$$\begin{cases} 3x + y = 10 \\ 2x - 3y = 3 \end{cases}$$

$3x + y = 10$ …①、$2x - 3y = 3$ …②として、2 つの解法で解いてみましょう。

代入法による解法

片方の式から、「$x = \sim$」または「$y = \sim$」の式を作って、もう片方に代入します。次のように、代入によって②は y が消えて、x の 1 次方程式になります。

①より、$y = 10 - 3x$ を②に代入すると、
$2x - 3(10 - 3x) = 3$
$2x - 30 + 9x = 3$
$2x + 9x = 3 + 30$
$11x = 33$
両辺を 11 で割って、$x = 3$

x を求めたら、①または②に代入して、y を求めましょう。

$x = 3$ を①に代入して、
$9 + y = 10$　よって、$y = 1$

加減法による解法

x または y の係数の絶対値をそろえ、2 式を足して（または引いて）、その文字を消します。ここでは、次のように①の両辺に 3 を掛けて y を「$3y$」でそろえ、2 式を足

ヒトコト

プラスマイナスは関係なしに係数をそろえるってコト。

して、x を求めます。y の求め方は、代入法と同じです。

$$① \times 3 \text{ より、} 9x + 3y = 30 \quad \cdots ①'$$
①′ + ②より、

$$
\begin{array}{r}
9x + 3y = 30 \\
+)\ \ 2x - 3y = \ 3 \\
\hline
11x = 33
\end{array}
$$
よって、$x = 3$

これを①に代入して、$y = 1$

　連立方程式は、加減法と代入法のどちらでも解くことができます。加減法を使う人が多いようですが、「$x = \sim$」または「$y = \sim$」の形にしたとき、式に分数や小数が含まれない場合や、元の式が「$x = \sim$」「$y = \sim$」の形のときは、代入法もオススメです。

キソ知識 3 　1 次不等式

　不等号（$<$，$\leqq$，$>$，$\geqq$）を含む式を不等式といいます。答えも、不等号を使って x の範囲を表します。
　1 次不等式の解き方は 1 次方程式と基本的には同じですが、マイナスの数を掛けたり割ったりすると、不等号の向きが逆になります。

> **例**
>
> 次の 1 次不等式を解きなさい。
> 　$4x - 11 < 6x - 5$

　1 次方程式と同様、次のように式を変形させて計算しましょう。

$$4x - 11 < 6x - 5$$

$$4x - 6x < -5 + 11 \qquad$$ x の項（左辺）と数の項（右辺）に分ける

$$-2x < 6 \qquad$$ それぞれを計算

$$x > -3 \qquad$$ 不等号の向きに注意して、両辺を -2 で割る

4 連立不等式 ✓

2つ以上の不等式を連立させたものを連立不等式といいます。それぞれの不等式を解き、共通する範囲を求めます。

例 1

次の連立不等式を解きなさい。
$$\begin{cases} 4x - 15 < 11x + 6 \\ -3x + 8 \geqq 2x + 3 \end{cases}$$

文字が2つ以上の連立方程式とは違い、連立不等式は文字が1つだよ。

$4x - 15 < 11x + 6$ …①、$-3x + 8 \geqq 2x + 3$ …②
として、それぞれの解を求めましょう。

①より、$4x - 11x < 6 + 15$
　$-7x < 21$　よって、$x > -3$
②より、$-3x - 2x \geqq 3 - 8$
　$-5x \geqq -5$　よって、$x \leqq 1$
これより、x の共通する範囲は、$-3 < x \leqq 1$

例 2

次の連立不等式を解きなさい。
$2x + 5 < 3x + 7 < x + 11$

このような形の連立不等式は、$2x + 5 < 3x + 7$ …①
と $3x + 7 < x + 11$ …②に分け、①と②をそれぞれ解いて、共通する範囲を求めましょう。

①より、
　$2x - 3x < 7 - 5$
　$-x < 2$　よって、$x > -2$
②より、
　$3x - x < 11 - 7$
　$2x < 4$　よって、$x < 2$
これより、x の共通する範囲は、$-2 < x < 2$

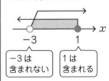

共通する範囲が分かりにくいときは、それぞれの答えを数直線に表してみよう。-3 より大きく、1以下になることが分かるね。

-3 は含まれない　　1 は含まれる

AとBがテストを受けたとき、BはAの2倍より10問少なく解答し、正答数はBのほうがAより10問多かった。また、このときの正答率はAは8割、Bは6割であった。Aの正答数として、最も妥当なのはどれか。

1. 24問
2. 32問
3. 40問
4. 48問
5. 56問

1 方程式を立てよう

AとBのテストの解答数と正答数を、文字を使って表します。Aの解答数を x 問とすると、BはAの2倍より10問少なく解答したことから、$(2x - 10)$ 問とおけます。

同様に、Aの正答数を y 問とすると、Bは $(y + 10)$ 問となりますね。

正答数＝解答数×正答率ですから、Aの正答率が8割、Bは6割であることより、次のように x と y の連立方程式を立てることができます。

$$\begin{cases} y = 0.8x & \cdots ① \\ y + 10 = 0.6(2x - 10) & \cdots ② \end{cases}$$

ポイント

「正答数は解答数の8割」だから、解答数に0.8を掛けるんだね。Bも同様に考えて、これを方程式にしよう！割合の考え方は、6章の最後「算数・数学のキソ知識」にあるよ。

2 方程式を解こう

①，②の連立方程式を解きましょう。

①を②に代入すると、
$$0.8x + 10 = 0.6(2x - 10)$$
両辺を 10 倍して、
$$8x + 100 = 6(2x - 10)$$
$$8x + 100 = 12x - 60$$
$$-4x = -160$$
両辺を -4 で割って、$x = 40$
これを①に代入して、
$$y = 0.8 \times 40 = 32$$

$x = 40$ が出た時点で、早合点して答えを「3」にしないようにね。求めるものは、Aの正答数だよ。

よって、Aの正答数は 32 問で、正解は「2」となります。

正解 2

✔ココをCHECK！

◆ 解答数、正答数の条件から、それぞれを x と y で表して方程式を作ろう。

◆ 求めるものはAの解答数ではなく、正答数。間違えないように注意！

　　現在の父親の年齢は、息子の年齢の 3 倍より 2 少ない。7 年前の父親の年齢は、7 年前の息子の年齢の 5 倍より 2 多かった。現在の父親の年齢として、最も妥当なのはどれか。

1．32 歳
2．34 歳
3．36 歳
4．38 歳
5．40 歳

1 方程式を立てよう

　年齢算と呼ばれる問題です。父親と息子の年齢を、文字を使って表します。

　現在の息子の年齢を x 歳とすると、父親は $(3x - 2)$ 歳とおけます。また、7 年前は父親も息子も現在より 7 歳少ないので、父親は $(3x - 2) - 7 = (3x - 9)$ 歳、息子は $(x - 7)$ 歳となりますね。

　7 年前の父親の年齢は、息子の年齢の 5 倍より 2 多かったので、次のように x の方程式を立てることができます。

$$3x - 9 = 5(x - 7) + 2$$

ポイント

父親の年齢も 7 歳引いてね。忘れがちだから注意しよう。

2 方程式を解こう

　上の方程式を解きましょう。

$$3x - 9 = 5x - 35 + 2$$
$$3x - 5x = -35 + 2 + 9$$
$$-2x = -24$$

両辺を -2 で割って、$x = 12$

　現在の息子の年齢は 12 歳と分かりました。よって、現在の父親の年齢は、

$$3 \times 12 - 2 = 36 - 2 = 34$$

となり、34 歳で正解は「2」です。

正解 2

✓ ココをCHECK❕

◆ 現在と 7 年前の条件から、それぞれの年齢を x で表して方程式を作ろう。

◆ 7 年前は 2 人とも現在より 7 歳若いことを忘れないようにね。

HERE
WE
GO!

トレーニング **2**

両親と長男、次男の 4 人家族がいる。現在の両親の年齢の和は、長男と次男の年齢の和の 6 倍であるが、2 年後には 5 倍になるという。また、現在の父の年齢は、次男の 7 倍で、母より 2 歳年上であるという。このとき、長男と次男の年齢の差として、最も妥当なのはどれか。ただし、それぞれの年齢差は常に変わらないものとする。

1. 1 歳
2. 2 歳
3. 3 歳
4. 4 歳
5. 5 歳

1 方程式を立てよう

引き続き年齢算の問題です。家族全員の年齢を文字を使って表します。

現在の父親の年齢は、次男の 7 倍で、母より 2 歳年上であることから、次男の現在の年齢を x 歳とすると、父親は $7x$ 歳、母親は $(7x - 2)$ 歳となります。

長男の年齢は他の誰ともリンクしていないので、y 歳としましょう。

現在の両親の年齢の和が、長男と次男の年齢の和の 6 倍であることから、次の式が成り立ちます。

$$7x + (7x - 2) = 6(x + y)$$

これを整理して、

$$4x - 3y = 1 \quad \cdots ①$$

また、2 年後には年齢の和が 5 倍になることから、

$$(7x + 2) + (7x - 2 + 2) = 5\{(x + 2) + (y + 2)\}$$

これを整理して、

$$9x - 5y = 18 \quad \cdots ②$$

父が母の 2 歳年上だから、母は父の 2 歳年下だね。

計算スルゾ

$7x + 7x - 2$
$= 6x + 6y$

$8x - 6y = 2$

両辺を 2 で割って、

$4x - 3y = 1$

計算スルゾ

$7x + 2 + 7x$
$= 5(x + y + 4)$

$14x + 2$
$= 5x + 5y + 20$

$9x - 5y = 18$

となります。

　これより、①，②を連立させると次のようになります。

$$\begin{cases} 4x - 3y = 1 & \cdots① \\ 9x - 5y = 18 & \cdots② \end{cases}$$

2 方程式を解こう

　①，②の連立方程式を解きます。

①×5，②×3より、
$$20x - 15y = 5 \quad \cdots①'$$
$$27x - 15y = 54 \quad \cdots②'$$
②′−①′より、
$$\begin{array}{r} 27x - 15y = 54 \\ -)\ 20x - 15y = \ \ 5 \\ \hline 7x \qquad\quad = 49 \end{array} \quad よって、x = 7$$
これを①に代入して、
$$28 - 3y = 1$$
$$-3y = -27 \quad よって、y = 9$$

　これより、長男は9歳、次男は7歳で、その差は2歳となり、正解は「2」です。

正解 2

①と②を $15y$ でそろえよう。①×9，②×4とすれば $36x$ でそろうけど、数が大きくなっちゃうね。なるべくカンタンな計算になるようにする工夫が大切。

✓ココをCHECK!

◆ 両親と次男の年齢は条件がリンクしているけど、長男はリンクしていないから、1人だけ別の文字を使って表そう。

トレーニング 3

　　ある2つの自然数のそれぞれの2乗の差が53である。この2つの自然数の
うち大きい方の数として、正しいのはどれか。

1. 27
2. 28
3. 29
4. 30
5. 31

1　方程式を立てよう

　<u>自然数</u>に関する方程式の問題です。ある2つの自然数を
x, y（ただし $x > y$）とすると、それぞれの2乗の差が
53であることから、次の式が成り立ちます。

$$x^2 - y^2 = 53$$

　これだけしか式になる条件がありませんね。この式から
答えを求めましょう。

ヒトコト

自然数とは正（プラス）
の整数のこと。

2　方程式を解こう

　上の式を因数分解すると、次のようになります。

$$(x + y)(x - y) = 53$$

　$(x + y)$ と $(x - y)$ を掛けると53になるということ
です。53は<u>素数</u>なので、<u>掛けて53になる組合せは53 ×
1しかありません。</u>よって、大きい方 $(x + y)$ が53、
小さい方 $(x - y)$ が1となり、次の連立方程式が成り立
ちます。

ポイント

$x^2 - y^2$ が因数分解で
きることに気付くのが
ポイントだよ。

ヒトコト

素数とは1と自分自
身しか約数を持たない
整数で、53の約数は
1と53だけってこと。
詳しくは2章で確認
してね。

$$\begin{cases} x + y = 53 & \cdots \text{①} \\ x - y = 1 & \cdots \text{②} \end{cases}$$

これを解くと、次のようになります。

①＋②より、
$2x = 54$　よって、$x = 27$

これより、求める自然数は 27 で、正解は「1」となります。

正解 1

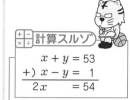

計算スルゾ

$$\begin{array}{r} x + y = 53 \\ +) \ x - y = \ 1 \\ \hline 2x \quad\quad = 54 \end{array}$$

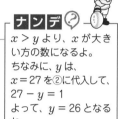

ナンデ

$x > y$ より、x が大きい方の数になるよ。
ちなみに、y は、
$x = 27$ を②に代入して、
$27 - y = 1$
よって、$y = 26$ となるね。

✓ ココをCHECK！

◆ 整数や自然数に関する方程式では、整数の性質を利用することが多いよ。

◆ 素数の性質についてチェックしておこう！

トレーニング **4**

　3 種類のケーキA，B，Cを合計 15 個と箱代でちょうど 5000 円になるように買う。ケーキの値段は、1 個あたりAが 200 円、Bが 300 円、Cが 500 円で、15 個入る箱代が 100 円かかる。このとき、ケーキBの個数が最も多くなる組合せで買う場合のケーキAとケーキBの個数の差として、最も妥当なのはどれか。ただし、箱は必ず買うものとし、いずれのケーキも 1 個以上買うものとする。

1．2 個
2．3 個
3．5 個
4．7 個
5．8 個

1 方程式を立てよう

　ケーキAを a 個、ケーキBを b 個買うとすると、ケーキは合計 15 個ですから、ケーキCの個数は（$15 - a - b$）と表せます。

　箱代込みでちょうど 5000 円になることから、次の方程式が成り立ちます。

$200a + 300b + 500(15 - a - b) + 100 = 5000$
これを整理して、
$3a + 2b = 26$　…①

　①はトレーニング 3 のように因数分解することはできません。そして、a，b の文字 2 つに対して、方程式は①の 1 つしかなく、このままでは方程式を解くことができませんね。このように、文字の数が方程式の数よりも多いものを不定方程式といいます。

計算スルゾ

両辺を 100 で割ると、
$2a + 3b + 5(15 - a - b) + 1 = 50$
$2a + 3b + 75 - 5a - 5b + 1 = 50$
$-3a - 2b = -26$
よって、
$3a + 2b = 26$

2 方程式を解こう

不定方程式の解法を 2 通り説明します。

解法1

①より、ケーキ A の数を $a = 1, 2 \cdots$ と場合分けをして、それぞれのケーキの個数を求めます。a, b, c はケーキの個数なので、整数の場合のみ、成立します。

・$a = 1$ のとき、①より $b = 11.5$
　整数にならず、成り立ちません。

・$a = 2$ のとき、①より $b = 10$
　ケーキ C の個数は、$15 - 2 - 10 = 3$
　整数となり、成り立ちます。

・$a = 3$ のとき、①より $b = 8.5$
　整数にならず、成り立ちません。

計算スルゾ

$3 + 2b = 26$ より、
$2b = 23$
$b = 11.5$
他も同様に計算してね。

ここまででケーキ B の個数を見てみると、どんどん減っていくことが分かりますね。

よって、ケーキ B の個数が最も多くなる組合せは、$a = 2$ のときで、ケーキ A は 2 個、ケーキ B は 10 個です。この差は 8 個で、正解は「5」となります。

解法2

まず、①を「$a = \sim$」の形にすると次のようになります。

$$a = \frac{2(13 - b)}{3} \quad \cdots ②$$

計算スルゾ

$3a = 26 - 2b$
両辺を 3 で割って、
$a = \dfrac{26 - 2b}{3}$
$ = \dfrac{2(13 - b)}{3}$
このように、a と b の式を「$a = \sim$」の形にすることを a について解くというよ。

a はケーキの個数なので、整数ですね。右辺を整数にするためには、分母の 3 で分子を約分する必要があります。つまり、分子の $2(13 - b)$ は 3 の倍数で、$2 \times 3, 2 \times 6, 2 \times 9 \cdots$ になります。

場合分けをして、ケーキ A，B，C の個数を求めましょう。

・13 － b ＝ 3 のとき、b ＝ 10
　②に代入して、a ＝ 2
　ケーキＣの個数は、15 － 2 － 10 ＝ 3

・13 － b ＝ 6 のとき、b ＝ 7
　②に代入して、a ＝ 4
　ケーキＣの個数は、15 － 4 － 7 ＝ 4

・13 － b ＝ 9 のとき、b ＝ 4
　②に代入して、a ＝ 6
　ケーキＣの個数は、15 － 6 － 4 ＝ 5

　ここまででケーキＢの個数を見てみると、どんどん減っていくことが分かりますね。
　よって、ケーキＢの個数が最も多くなる組合せは、13 － b ＝ 3 のときで、ケーキＡは 2 個、ケーキＢは 10 個です。この差は 8 個となるので、正解は「5」となります。

正解 5

☑️ ココをCHECK！

◆ 不定方程式の解法を覚えよう。
◆ 解法 1 と 2 のどちらも一長一短。解法 2 は、分数にするのが少しやっかいかもしれないね。その点、解法 1 は分数を使わないけど、個数が整数にならなかったり、場合分けがもっと増えることもよくあるんだ。

　Aさんの学校では、卒業記念に絵入りのティーカップを作ることにした。製作のための費用は、製作個数にかかわらず、絵のデザイン料が 15000 円かかる。さらに、カップが 1 個あたり 300 円、絵のプリント代金が最初の 100 個までは 1 個あたり 250 円で、これをこえる分については 1 個あたり 200 円かかるという。このとき、1 個あたりの製作費用が 600 円以下となるための最少の製作個数として、最も妥当なのはどれか。ただしティーカップは、100 個より多く作るものとする。

1．140 個
2．160 個
3．180 個
4．200 個
5．220 個

1　不等式を立てよう

　ティーカップを x 個製作したとすると、x 個の製作費用は次のようになります。

　　・絵のデザイン料
　　　15000 円

　　・カップ代
　　　$300x$ 円

　　・絵のプリント代（100 個分）
　　　$250 \times 100 = 25000$ 円

　　・絵のプリント代（100 個をこえる分）
　　　$200(x - 100) = (200x - 20000)$ 円

　　合計　$(500x + 20000)$ 円

ヒトコト

x 個のうち 100 個を引いたのが残りの数だね。

　1 個あたりの製作費用が 600 円以下となることから、次の不等式が成り立ちます。

$$\frac{500x + 20000}{x} \leq 600$$

A≦B…AはB以下
A＜B…AはB未満
要チェック！

2 不等式を解こう

この不等式を解きましょう。

両辺に x を掛けて、
$$500x + 20000 \leq 600x$$
$$-100x \leq -20000$$
両辺を -100 で割って、
$$x \geq 200$$

よって、最少の製作個数は 200 個で、正解は「4」となります。

正解 4

ポイント

不等式は負（マイナス）の式を掛けたり割ったりすると、不等号の向きが逆になる！

☑ココをCHECK！

◆ 不等式では負（マイナス）の数を掛けたり割ったりしたときに、不等号の向きが逆になるから気を付けて。

　ある団体旅行で、52 人乗りのバスを満席にして使うと、最後の 1 台は 12 人分の席が余る予定であった。ところが、参加者が予定より 60 人減ったため、1 台に 44 人乗せると予定の台数では不足し、1 台に 45 人乗せると最後の 1 台は 45 人未満となることがわかった。実際にこの団体旅行に参加した人数として、正しいのはどれか。

1. 369 人
2. 448 人
3. 456 人
4. 500 人
5. 508 人

1　不等式を立てよう

　過不足算と呼ばれる問題です。使うバスを x 台として、参加予定者数と実際の参加者数を x を使って表します。

・参加予定者数：$(52x - 12)$ 人
・実際の参加者数：$(52x - 12) - 60 = (52x - 72)$ 人

　参加者数である $(52x - 72)$ 人は、x 台に 44 人ずつ乗せたときよりも多く、x 台に 45 人ずつ乗せたときよりも少なくなります。

参加予定者数は、最後の 1 台が満席よりも 12 人少なかったって考えるよ。

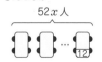

$52x$ 人

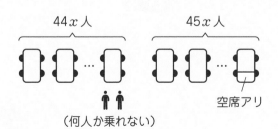

44x 人　　　45x 人

（何人か乗れない）　　空席アリ

これを式にすると、次のようになります。

$$44x < 52x - 72 < 45x$$

① ②

ヒトコト

連立不等式ってやつだ
ね。前半と後半に分け
て不等式を解いて、両
方を満たす x を求め
よう。

2 不等式を解こう

①と②に分けて不等式を解きます。

①より、
$$44x < 52x - 72$$
$$-8x < -72$$
$$x > 9$$

②より、
$$52x - 72 < 45x$$
$$7x < 72$$
$$x < 10.2\cdots$$

よって、①，②より、$9 < x < 10.2\cdots$

x はバスの台数なので整数ですね。これを満たす整数は $x = 10$ のみと分かります。

よって、実際に参加した人数は、

$$52 \times 10 - 72 = 448$$

となり、448 人で正解は「2」となります。

ポイント

数値線で表すとこんな
感じ。$x = 10$ だと分
かるね。

正解 2

☑ ココをCHECK！

◆ 人数がバスの満席より多いのか少ないのか、ミスしやすいから気を付けて。

◆ 連立不等式は前半と後半に分けて、両方を満たす x を求めよう。

算数・数学の キ ソ 知 識 展開と因数分解

　カッコのついた掛け算の式からカッコを外した式にすることを展開といいます。代表的な次の3つの公式を覚えましょう。

$$\cdot (x + a)(x + b) = x^2 + (a + b)x + ab$$
$$\cdot (a + b)^2 = a^2 + 2ab + b^2$$
$$\cdot (a + b)(a - b) = a^2 - b^2$$

＜例＞

$$(x - 4)(x + 7) = x^2 \underset{-4+7}{+ 3x} \underset{(-4)\times 7}{- 28}$$

$$(x - 3)^2 = x^2 \underset{2 \times (-3)}{- 6x} \underset{(-3)^2}{+ 9}$$

$$(x + 9)(x - 9) = x^2 \underset{9^2}{- 81}$$

　展開とは逆に、式をカッコのついた掛け算の式にすることを因数分解といいます。展開の公式の右辺から左辺にする計算です。

$$\cdot x^2 + (a + b)x + ab = (x + a)(x + b)$$
$$\cdot a^2 + 2ab + b^2 = (a + b)^2$$
$$\cdot a^2 - b^2 = (a + b)(a - b)$$

＜例＞

$$x^2 \underset{\text{和が}-5}{- 5x} \underset{\text{積が}+6}{+ 6} = (x \underset{-2\text{と}-3}{- 2)(x - 3)}$$

$$x^2 \underset{2 \times 8}{+ 16x} \underset{8^2}{+ 64} = (x + 8)^2$$

$$x^2 \underset{5^2}{- 25} = (x + 5)(x - 5)$$

27

2 約数と倍数

「約数と倍数」は、整数の基本となるところです。しっかり頭に叩き込みましょう。特に警察官の試験で出題率が高い傾向にあります。

頻出度
警察 ★★★★★
消防 ★★★★☆

キソ知識 1 整数の性質

整数問題に欠かせない用語や計算方法を確認しましょう。

（1）素数と素因数分解

1とその数のみで割れ、他の数では割れない数を素数といいます。小さい順に、2，3，5，7，11…と続きます。

整数を素数の積（掛け算）に分解することを素因数分解といいます。例えば、$14 = 2 \times 7$，$45 = 3^2 \times 5$となります。

では、702を素因数分解したらどうなるでしょう？ 数が大きいと、パッと思いつかなくなりますね。そんなときは図1のように計算します。$702 \div 2 = 351$（①），$351 \div 3 = 117$（②）……と、素数で割っていき、これ以上割れないとなったら、左と下の数をすべて掛けて、$702 = 2 \times 3^3 \times 13$（③）と表すことができます。

ポイント

例えば、4は2で割れるから素数ではないよ。それから、1も素数ではないから気を付けてね。

図1

```
①  2)702       ②  2)702       ③  2)702
      351          3)351           3)351
                     117           3)117
                                   3) 39
                                       13
```

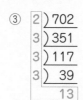

ココを掛けて、
$2 \times 3^3 \times 13$

(2) 約数

　ある整数を割り切れる数のことを約数といいます。例えば、12 の約数は、1，2，3，4，6，12 の 6 個あります。

　2 つ以上の数に共通する約数を公約数といい、その中で最も大きな数を最大公約数といいます。公約数は最大公約数の約数です。

　12 と 20 を例にすると、次のようになります。

12 の約数：1，2，3，4，6，12
20 の約数：1，2，4，5，10，20
よって、12 と 20 の公約数 = 1，2，4
最大公約数 = 4

1，2，4（公約数）は
4（最大公約数）の約
数だね。

(3) 倍数

　ある整数を整数倍した数のことを倍数といいます。例えば、8 の倍数は、8，16，24…と無限にあります。

　2 つ以上の数に共通する倍数を公倍数といい、その中で最も小さな数を最小公倍数といいます。公倍数は最小公倍数の倍数です。

　8 と 12 を例にすると、次のようになります。

8 の倍数：8，16，24，32，40，48…
12 の倍数：12，24，36，48，60…
よって、8 と 12 の公倍数 = 24，48…
最小公倍数 = 24

公倍数は 24（最小公
倍数）の倍数で、これ
も無限にあるね。

(4) 最大公約数と最小公倍数の求め方

　最大公約数と最小公倍数を求める方法は次のようになります。

　例えば、28，42，56 の最大公約数を求めます。

　最大公約数は図 2 のようにすべてに共通の約数で割っていきます。すべてを 2 で割った後（①）、すべてを 7 で割ります（②）。

　これ以上は共通する約数で割れないので、割った約数をすべて掛けて 14 が最大公約数となります。

図2

① 2) 28　42　56
　　　　14　21　28

② 2) 28　42　56
　7) 14　21　28
　　　　2　　3　　4

ココを掛けて、
最大公約数＝2 × 7 ＝ 14

　次に、12, 36, 90 の最小公倍数を求めることにしましょう。最大公約数の計算と同様、図3のようにすべてを共通の約数である 2, 3 で割ります（①）。

　2, 12, 15 は共通する約数で割れませんが、2 と 12 だけだったら 2 で割れますね。このようなときは、2 と 12 は 2 で割り、15 はそのまま下におろします（②）。

　さらに、1, 6, 15 のうち 6 と 15 は 3 で割れるので、1 はそのまま下におろし、6 と 15 を 3 で割ります（③）。

　これ以上は、どの 2 つを選んでも割れる約数がありませんね。あとは、割った約数と残った数をすべて掛けて 360 が最小公倍数になります。

ポイント

最小公倍数を求めるときは、すべてで割れなくても OK ！

図3

① 2) 12　72　90
　3) 　6　36　45
　　　　 2　12　15

② 2) 12　72　90
　3) 　6　36　45
　2) 　2　12　15
　　　　 1　　6　15

③ 2) 12　72　90
　3) 　6　36　45
　2) 　2　12　15
　3) 　1　　6　15
　　　　 1　　2　　5

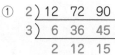
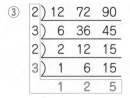

ココを掛けて、
最小公倍数＝2 × 3 × 2 × 3 × 1 × 2 × 5 ＝ 360

ヒトコト

数を小さくしてそろえるのが最大公約数、大きくしてそろえるのが最小公倍数。ゴチャゴチャにならないようにね。

キソ知識 2 倍数の見分け方

例えば「4117 は 3 の倍数か？」という問題を解く場合、もちろん実際に割り算をすれば分かりますが、下表のように各位の数から倍数かどうかを見分けることもできます。

計算スルゾ

4117 ÷ 3 = 1372 余り 1
3 で割り切れないから 3 の倍数ではないね。

	見分け方とその例
2 の倍数	1 の位が偶数 ○ 98（8 … 偶数） × 47（7 … 奇数）
3 の倍数	各位の数の和が 3 の倍数 ○ 735（7 + 3 + 5 = 15 … 3 の倍数） × 58（5 + 8 = 13 … 3 の倍数ではない）
4 の倍数	下 2 桁が 4 の倍数 ○ 472（72 … 4 の倍数） × 278（78 … 4 の倍数ではない）
5 の倍数	1 の位が 0 または 5 ○ 915（5 … 1 の位が 5） × 249（9 … 1 の位が 0 または 5 ではない）
6 の倍数	2 の倍数かつ 3 の倍数 ○ 678（8 … 偶数、6 + 7 + 8 = 21 … 3 の倍数） × 236（6 … 偶数で○だが、2 + 3 + 6 = 11 … 3 の倍数ではないから×）
8 の倍数	下 3 桁が 8 の倍数 ○ 7128（128 … 8 の倍数） × 9140（140 … 8 の倍数ではない）
9 の倍数	各位の数の和が 9 の倍数 ○ 846（8 + 4 + 6 = 18 … 9 の倍数） × 299（2 + 9 + 9 = 20 … 9 の倍数ではない）

ポイント

6 の倍数は 2 と 3 の倍数の見分け方を両方満たせば OK！

ヒトコト

7 の倍数の見分け方はやや複雑なのでパス！

　A，B 2種類の花火が同時に打ち上げられ、花火大会が始まった。その後、Aは 30 秒ごとに、Bは 40 秒ごとに打ち上げられる。A，Bの花火が 6 回目に同時に打ち上げられたところで花火大会が終わった。このとき、Bの花火が打ち上げられた回数として、正しいのはどれか。

1．15回　　　2．16回　　　3．17回　　　4．18回　　　5．19回

1　花火の間隔を考えよう

　Aは 30 秒ごと、つまり 30 の倍数秒ごとに、Bは 40 秒ごと、つまり 40 の倍数秒ごとに打ち上げられます。

A：30 秒，60 秒，90 秒，120 秒…
B：40 秒，80 秒，120 秒，160 秒…

　すると、スタートしてからAとBが同時に打ち上げられるのは 30 と 40 の最小公倍数である 120 秒後で、この後 2 つの花火は 120 秒の倍数秒ごとに同時に打ち上げられます。

ポイント

120 秒後の次は 240 秒後、その次は 360 秒後、というように、120 の倍数秒ごとになるよね。

2　6 回目を考えよう

　2 つの花火が 6 回目に同時に打ち上げられるのは、120 × 5 ＝ 600 より、600 秒後です。
　600 秒間にBが打ち上げられた回数は 600 ÷ 40 ＝ 15 より、15 回ですね。これにはスタートするときの 1 回分が含まれていないので、それも含めて、Bの花火が打ち上げられた回数は 16 回となります。
　よって、正解は「2」です。

ヒトコト

スタートするときに同時に 1 回打ち上げられているから、あと 5 回同時に打ち上げられたら終了！

正解 2

☑ ココをCHECK！

◆ 2 つの花火が同時に打ち上げられるのが何秒ごとになるのか、最小公倍数で考えよう。スタート時の 1 回分を忘れずに！

トレーニング 1

　青と赤の 2 つのランプがある。青いランプは計測を始めてから 1 秒後に点灯し、その後 1 秒間点灯してから 2 秒間消えて、また 1 秒間点灯してから 2 秒間消えるということを繰り返す。赤いランプは計測を始めてから 3 秒後に点灯し、その後 1 秒間点灯してから 3 秒間消えて、また 1 秒間点灯してから 3 秒間消えるということを繰り返す。同時に計測を始めてから 5 分間計測するとき、2 つのランプのどちらか一方だけがついている時間として、最も妥当なのはどれか。

1. 110 秒
2. 115 秒
3. 120 秒
4. 125 秒
5. 130 秒

1 ランプの間隔を考えよう

　ウォームアップと違い、計測してすぐにランプが点灯していませんね。なんだかややこしそうなので、点灯の様子を具体的に見ることにします（表 1）。

表 1

	0	1	2	3	4	5	6	7	8	9	10	11	12(秒)
青	×	○	×	×	○	×	×	○	×	×	○	×	…
赤	×	×	×	○	×	×	×	○	×	×	×	○	…

　青いランプは計測を始めてから、×→○××→○××→…となりますが、見方を変えると、図 1 より、×○×→×○×→…と、「×○×」の 3 秒ごとでついたり消えたりを繰り返しているのが分かります。同様に、赤いランプは、×××→○×××→○×××→…ですが、こちらも「×××○」の 4 秒ごとと見ることができます。

　よって、2 つのランプをまとめて考えると、3 と 4 の最小公倍数である 12 秒ごとの繰り返しになることが分かります。

ポイント

点灯と消えるので 3 秒ごとになってるけど、最初の 1 秒間がクセモノ！　これも含めて 3 秒間隔のリズムを作ろう。

計測を始めてから 12 秒間で、2 つのランプのどちらか一方だけがついている時間を確認すると、表 2 より、1 ～ 2，3 ～ 5，10 ～ 12 秒の 5 秒間です。この 12 秒ごとの繰り返しが何回あるかを求めます。

表2

	0	1	2	3	4	5	6	7	8	9	10	11	12(秒)
青	×	○	×	×	○	×	×	○	×	×	○	×	…
赤	×	×	×	○	×	×	×	○	×	×	×	○	…

2　5 分間の場合を考えよう

　5 分間 = 300 秒間ですから、300 ÷ 12 = 25 より、12 秒間が 25 回繰り返されると分かります。よって、この間にどちらか一方だけついているのは、

$$5 \times 25 = 125$$

より、125 秒となり、正解は「4」です。

正解 4

☑ココをCHECK！

◆ 点灯の様子がややこしいときは、まず書き出してみよう。

トレーニング **2**

　ある2桁の自然数と42との最大公約数が6で最小公倍数が168である。このとき、この自然数の十の位の数と一の位の数の和として、正しいのはどれか。

1. 6
2. 7
3. 8
4. 9
5. 10

1 ある自然数を文字を使って表そう

　ある2桁の自然数を a とすると、a と42との最大公約数が6なので、6は a の約数です。a は6で割り切れますから、$a \div 6 = b$（b は整数）とすると、$a = 6b$ と表すことができます。そこで、ある自然数を $6b$ とおき直すことにします。

> **ポイント**
> 6が a の約数（a が6で割り切れる）とき、$a = 6b$（b は整数）と表される……この考え方は整数の基本だから覚えるべし！

2 $6b$ と42の最小公倍数を求めよう

　$6b$ と42の最小公倍数を次のように求めます。

$$
\begin{array}{r|ll}
6 & 6b & 42 \\
\hline
 & b & 7
\end{array}
\quad \text{最小公倍数} = 6 \times b \times 7 = 42b
$$

　$6b$ と42の最小公倍数は168ですから、

$$42b = 168 \quad \text{よって、} b = 4$$

となり、ある自然数は、$a = 6 \times b = 24$ ですね。

　よって、十の位の数と一の位の数の和は、$2 + 4 = 6$ となり、正解は「1」です。

別解

2つのある整数AとBには、次のような関係があります。

$$A × B = (最大公約数) × (最小公倍数)$$

この関係は、3つ以上の数では成り立たないよ。

理由は少し数学的な話になりますので、苦手な人はサラッと読んでください。

ある数AとBの最大公約数を x とすると、$A = ax$, $B = bx$（a, b は互いに素な整数）と表すことができ、AとBの最小公倍数は abx となります。

ここで、A×Bを計算すると、

公約数が1のみである2つの整数を「互いに素」というよ。

$$A × B = ax × bx = abx^2$$
$$abx^2 = x × abx = (最大公約数) × (最小公倍数)$$

となり、A×B＝（最大公約数）×（最小公倍数）であることが分かります。この式を使って本問を解いてみましょう。

ある自然数を a とすると、

$$42a = 6 × 168 \quad よって a = 24$$

ナンデ❓

$$x)\overline{ax \quad bx}$$
$$\,a \quad b$$

a と b は互いに素だから、これ以上割れないんだ。

となり、十の位の数と一の位の数の和は、2＋4＝6で、正解は「1」です。

正解 1

☑ ココをCHECK❗

◆ 6が a の約数（a が6で割り切れる）⇒ $a = 6b$（b は整数）
　と表して、条件から最小公倍数を求めよう。

◆ A×B＝（最大公約数）×（最小公倍数）　これを公式として使うのもOK！

トレーニング 3

2012年　警視庁Ⅰ類

正の整数 a，b の最大公約数が 11 、最小公倍数が 330 であるとき、$a + b$ の値の最小値として、正しいものはどれか。

1. 99
2. 121
3. 143
4. 187
5. 341

---

1 a，b の最小公倍数に注目しよう

a，b の最大公約数が 11 であることから、<u>$a = 11m,$ $b = 11n$（m, n は互いに素な正の整数）</u>と表すことができます。よって、これらの最小公倍数は次のように計算できます。

$$
11 \,\underline{)\ 11m \quad 11n}
$$
$$
\qquad\quad m \qquad n \qquad \text{最小公倍数} = 11mn
$$

最小公倍数が 330 であることから、mn の値は、

$$11mn = 330 \qquad \text{よって、} mn = 30$$

となります。

この考え方は「トレーニング2」と同じだね。m と n は整数を表すのによく使う文字だよ。

2 a，b，$a + b$ の値を求めよう

m，n は正の整数ですから、$(m, n) = (1, 30)$，$(2, 15)$，$(3, 10)$，$(5, 6)$ の 4 通りが考えられますね。それぞれ a と b，$a + b$ の値を求めると次のようになります。

m と n の数は逆でも OK。

・(m, n) = (1, 30) のとき
 a = 11 × 1 = 11, b = 11 × 30 = 330
 a + b = 11 + 330 = 341

・(m, n) = (2, 15) のとき
 a = 22, b = 165
 a + b = 22 + 165 = 187

・(m, n) = (3, 10) のとき
 a = 33, b = 110
 a + b = 33 + 110 = 143

・(m, n) = (5, 6) のとき
 a = 55, b = 66
 a + b = 55 + 66 = 121

ヒトコト

$a = 11m$, $b = 11n$ に m と n を代入して a と b を求めるよ。

・$(m, n) = (1, 30)$ のとき
 $a = 11 \times 1 = 11$, $b = 11 \times 30 = 330$
 $a + b = 11 + 330 = 341$

・$(m, n) = (2, 15)$ のとき
 $a = 22$, $b = 165$
 $a + b = 22 + 165 = 187$

・$(m, n) = (3, 10)$ のとき
 $a = 33$, $b = 110$
 $a + b = 33 + 110 = 143$

・$(m, n) = (5, 6)$ のとき
 $a = 55$, $b = 66$
 $a + b = 55 + 66 = 121$

　よって、この中で $a + b$ の値の最小値は 121 で、正解は「2」となります。

正解 2

☑ ココをCHECK！

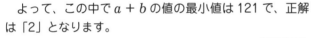

◆ トレーニング2の類題だね。1に、トレーニング2の別解「A ×B =（最大公約数）×（最小公倍数）」を利用すると、$ab = 11m \times 11n = 11 \times 330$ より、$mn = 30$ となるね。

トレーニング 4

難易度 | ★ ★ ☆

2018年 警視庁 I 類

4桁の自然数 5 ⓐ 8 ⓑ は、1000 × 5 + 100 × ⓐ + 10 × 8 + ⓑ という式で表すことができる。この4桁の自然数 5 ⓐ 8 ⓑ が9で割り切れるときに ⓐ，ⓑ に入る数字の和として、最も妥当なのはどれか。ただし、ⓐ，ⓑ に入る数字は整数とする。

1．4のみ　　2．5のみ　　3．8のみ　　4．4または12　　5．5または14

1 | 9の倍数の見分け方を確認しよう

ある数が9で割り切れる、すなわち9の倍数であるときは、各位の数の和が9の倍数になります。

よって、5 + ⓐ + 8 + ⓑ = 13 + ⓐ + ⓑ が 9 の倍数であれば、この数は9で割り切れます。

キソ知識 **2** で倍数の見分け方をチェック！

2 | ⓐ + ⓑ を求めよう

13 + ⓐ + ⓑ = 9, 18… として、ⓐ + ⓑ の値を求めます。

ⓐ，ⓑ はともに0から9までの整数ですから、ⓐ + ⓑ は最小で0、最大で 9 + 9 = 18 です。

5 ⓐ 8 ⓑ は「ごせんエーひゃく はちじゅう ビー」という数のことね。

・13 + ⓐ + ⓑ = 9 のとき、ⓐ + ⓑ = −4　×
・13 + ⓐ + ⓑ = 18 のとき、ⓐ + ⓑ = 5　○
・13 + ⓐ + ⓑ = 27 のとき、ⓐ + ⓑ = 14　○
・13 + ⓐ + ⓑ = 36 のとき、ⓐ + ⓑ = 23　×
　　　　⋮　　　　　　　⋮

よって、ⓐ，ⓑ に入る数字の和は、5または14となり、正解は「5」です。

正解 5

☑ ココをCHECK！

◆ 2から9の倍数の見分け方をマスターしよう（7の倍数は除く）。

数的推理の中でも「ザ☆数学」という感じで、イメージがわきにくい分野かもしれませんが諦めるべからず！ コツを掴めば意外とあっさりと解けますよ。

頻出度
警察 ★★★★
消防 ★★★★

キソ知識 1 割り算の余り

割り算したときの余りを利用して、数を表します。(1)〜(3)の具体例で、考え方をマスターしましょう。

(1) 余りが共通する数

例えば「20 で割ると 3 余る 2 桁の数」は、20 で割り切れる数、つまり 20 の倍数より 3 大きい数で、$20n + 3$（n は整数）と表すことができます。$n = 1, 2\cdots$ と、順に代入して、23, 43, 63, 83 となりますね。

計算スルゾ
$20 \times 1 + 3 = 23$
$20 \times 2 + 3 = 43$
$20 \times 3 + 3 = 63$
$20 \times 4 + 3 = 83$
2 桁はここまでだよ。

次に、「6 で割っても 7 で割っても 4 余る 2 桁の数」を考えましょう。どちらの数で割っても余りが 4 という共通点がありますね。6 で割っても 7 で割っても割り切れる数、つまり、6 と 7 の公倍数より 4 大きい数ということです。6 と 7 の最小公倍数は 42 ですから、$42n + 4$ と表すことができます。これに $n = 1, 2$ を代入して、求める数は 46 と 88 となります。

ポイント

$n = 0$ を代入すると 4（1 桁）、$n = 3$ だと 130（3 桁）になってしまうね。$n = 1, 2$ を代入した時だけ 2 桁になるんだ。

(2) 足りない数が共通する数

「4 で割ると 1 余り、9 で割ると 6 余る 2 桁の数」を例にします。余りが共通していないので、この場合は、不足する数に注目します。

「4 で割ると 1 余る」ということは、あと 3 大きければ 4 で割り切れる数、つまり、4 で割ると 3 足りない数ともいえます。

同様に、9 で割ると 6 余る数は、あと 3 大きければ 9 で割り切れるので、9 で割ると 3 足りない数です。

これで、どちらの数で割っても 3 足りないという共通点

ヒトコト

イメージするとこんな感じかな。

が見つかりましたね。求める数は、「4 で割っても 9 で割っても割り切れる数、つまり、4 と 9 の公倍数に 3 足りない数で、$\underline{36n - 3}$ と表せます。

　これに $n = 1,\ 2$ を代入して、求める数は 33 と 69 となります。

4 と 9 の最小公倍数＝36

（3）余りも足りない数も共通しない数

　例として、「6 で割ると 5 余り、7 で割ると 3 余る 2 桁の数」を求めます。2 つの条件で余りも足りない数も共通していませんね。この場合は、それぞれの条件に合う数をどんどん書き出して、両方に共通の数を見つけます。

6 で割ると「5 余り」＝「1 足りない」
7 で割ると「3 余り」＝「4 足りない」

　　・6 で割ると 5 余る数
　　　11, 17, 23, 29, 35, 41, 47, 53, 59, 65…

　　・7 で割ると 3 余る数
　　　10, 17, 24, 31, 38, 45, 52, 59, 66, 73…

すると、まず 2 つの条件に合う数として 17 が出てきました。この後は 6 と 7 の最小公倍数である 42 ずつ増えていくので、$42n + 17$ と表すことができます。

　これに $n = 0,\ 1$ を代入した 17 と 59 が求める数ですね。ここまでをまとめると、次のようになります。

6 で割る方は 17 から 6 ずつ増え、7 で割る方は 7 ずつ増えるから、両方で 42 ずつ増えていくよ。17 の次に共通の数は 17 + 42 ＝ 59 になってるよね。

　　・a で割っても b で割っても c 余る数
　　　＝（a と b の公倍数）＋ c

　　・a で割っても b で割っても c 足りない数
　　　＝（a と b の公倍数）－ c

　　・a で割ると c 余り、b で割ると d 余る数
　　　＝（a と b の公倍数）＋（両方に共通する最小の数）

わざわざ代入しなくても、上に書き出してあるね。でも、もっと大きい数を求めるとしたら書き出すにも限界が出てくるから、文字で表すのが大切になるよ。

「ある日が○曜日のとき、別のある日は何曜日か?」など、曜日に関する問題を「暦算」といいます。

(1) 日ごとに考える

例えば、3月10日が日曜日のとき、同じ年の10月4日は何曜日でしょうか?

10月4日が3月10日の何日後にあたるのかを計算すると、

$$
\left.
\begin{array}{l}
3\,月 \cdots\cdots 31\,日 - 10\,日 = 21\,日 \\
4,\ 6,\ 9\,月 \cdots\cdots 30\,日 \times 3 = 90\,日 \\
5,\ 7,\ 8\,月 \cdots\cdots 31\,日 \times 3 = 93\,日 \\
10\,月 \cdots\cdots 4\,日
\end{array}
\right\}
\begin{array}{l}
21 + 90 + 93 + 4 \\
= 208\,(日後)
\end{array}
$$

1, 3, 5, 7, 8, 10, 12月は「大の月」と呼ばれ、31日までで、2, 4, 6, 9, 11月は「小の月」で30日(2月は28日または29日)まで。

となります。208 ÷ 7 = 29 余り 5 より、208 日後は 29週と 5 日後なので、日曜日から曜日を 5 つ先に進めて、10月4日は金曜日となります。

(2) 年ごとに考える

1年は通常365日ですね。365 ÷ 7 = 52 余り 1 より、1 年間は 52 週と 1 日で、ある日の曜日は 1 年ごとに 1つ先に進みます。例えば、今日が水曜日だったら、来年の今日は木曜日です。

ただし、うるう年に注意が必要です。西暦年が 4 の倍数のとき(2020 年, 2024 年など)がうるう年で、2 月 29日が増えて 1 年間は 366 日になります。

よって、うるう年の 2 月 29 日が間に含まれる場合、1年後(366 日後)の曜日は 2 つ先に進みます。例えば、

正式には、西暦年が100 の倍数の年はうるう年ではなく、400の倍数であればうるう年なんだ。

ナンデ

366 ÷ 7 = 52 余り 2だから、曜日が 2 つ先に進むんだね。

2020 年元旦は水曜日
→ 2021 年元旦は金曜日(2 つ先)

となります。

2016年 警視庁Ⅰ類

　4で割ると1余り、かつ、10で割ると7余るような1000以下の自然数の個数として、正しいのはどれか。

1. 48個
2. 49個
3. 50個
4. 51個
5. 52個

---

1 共通点を見つけて数を文字で表そう

　2つの条件で余りは一致しませんが、足りない数は、

　　　・4で割ると「1余り」＝「3足りない」
　　　・10で割ると「7余り」＝「3足りない」

となり、共通していることが分かります。

　よって、求める自然数は4で割っても10で割っても割り切れる数に3足りない数、つまり4と10の公倍数に3足りない数となり、4と10の最小公倍数は20ですから、$20n - 3$（n は整数）と表すことができます。

2 自然数の個数を求めよう

　$n = 1$，2…と代入していくと、求める自然数は、17, 37…となります。これを1000になるまで書いていくと大変なので、不等式を使って解きましょう。

　　　$20n - 3 \leqq 1000$
　　　$20n \leqq 1003$　　　よって、$n \leqq 50.1\cdots$

ヒトコト

$n = 0$ を代入すると-3で、これは自然数ではないね。

これより、条件を満たす n の個数は $n = 1$ から 50 までの 50 個で、求める自然数の個数も 50 個となり、正解は「3」です。

正解 3

ちなみに、$n = 50$ のとき、$20n - 3 = 1000 - 3 = 997$
50 個のうち最大の数は 997 だよ。

☑️ ココをCHECK！

◆ 条件から、共通するのは余りなのか、足りない数なのか、それとも共通点がないのかを確認して、整数を n などの文字で表そう。

◆ 個数を求めるには不等式を使おう。

トレーニング 1

5 で割ると 2 余り、6 で割ると 5 余り、7 で割ると 6 余る最小の自然数の各位の和として、最も妥当なのはどれか。

1. 11
2. 12
3. 13
4. 14
5. 15

1 共通点を見つけて数を文字で表そう

3 つの条件で余りは一致しませんね。足りない数は、

・5 で割ると「2 余り」＝「3 足りない」…①
・6 で割ると「5 余り」＝「1 足りない」…②
・7 で割ると「6 余り」＝「1 足りない」…③

となり、②と③で共通していることが分かります。

①は後回しにして、まずは②と③だけに注目すると、求める自然数は 6 と 7 の公倍数に 1 足りない数で、$42n - 1$（n は整数）と表すことができます。

42 は 6 と 7 の最小公倍数。

2 共通点がなくても求める数を探そう

さて、後回しにした①の条件ですが、$42n - 1$ との共通点はないので、地道に求める数を探すしかありません。そこで、$42n - 1$ に $n = 1, 2\cdots$ と代入して、その数が①を満たすか確認しましょう。

この場合は、キソ知識 **1**−(3)で学んだね。

・$n = 1$ のとき、
　$42 \times 1 - 1 = 41 \rightarrow 41 \div 5 = 8$ 余り 1　✕

・$n = 2$ のとき、
　$42 \times 2 - 1 = 83 \rightarrow 83 \div 5 = 16$ 余り 3　✕

・$n = 3$ のとき、
　$42 \times 3 - 1 = 125 \rightarrow 125 \div 5 = 25$　✕

・$n = 4$ のとき、
　$42 \times 4 - 1 = 167 \rightarrow 167 \div 5 = 33$ 余り 2　◯

ヒトコト

2章のキソ知識**2**にあるように、「5で割ると2余る数」は5の倍数に2を足した数なので、一の位が2または7。これを知っていれば、割り算をしなくても①を満たすか否かが分かるよ。ぜひ覚えておこう!

　よって、すべての条件を満たす最小の自然数は 167 で、各位の和は、

$$1 + 6 + 7 = 14$$

となり、正解は「4」です。

正解 4

✓ ココをCHECK !

◆ 全部の条件で余りや足りない数が一致しないときは、まず一致しているところからスタート。

◆ 共通点がなかったら、地道に計算して数を探す。これも大切!

56 を割ると 2 余り、75 を割ると 3 余るような正の整数のうち、最大のものと最小のものとの差として、正しいのはどれか。

1. 8
2. 10
3. 12
4. 14
5. 16

1　問題を読み解こう

ここまでの問題は「4 で割ると〜」「5 で割ると〜」などでしたが、この問題は「56 を割ると〜」とあります。「で」と「を」のたった一文字で意味が大きく変わりますので、「を」の場合の考え方を確認しましょう。

56 で割る……○ ÷ 56
56 を割る……56 ÷ ○
ややこしいから気を付けて。

2　求める整数 x について考えよう

求める整数を x とします。「56 を x で割ると 2 余る」ということは、「56 から 2 を引いた 54 は x で割り切れる」ともいえますね。よって、x は 54 の約数となります。

同様に、「75 を x で割ると 3 余る」についても、x は 72 の約数となりますね。

3　最大と最小の x を求めよう

x は 54 と 72 の約数、つまり 54 と 72 の公約数なので、最大公約数である 18 の約数となります。

よって、$x = 1$, 2, 3, 6, 9, 18 となりますが、x（割る数）は 2, 3（余り）よりも大きくなければいけませんね。これを満たす x は、$x = 6$, 9, 18 となります。

計算スルゾ

$$
\begin{array}{r}
2)\overline{54\quad 72} \\
3)\overline{27\quad 36} \\
3)\overline{9\quad 12} \\
3\quad4
\end{array}
$$

最大公約数
$= 2 \times 3^2 = 18$
「18 の約数になる」という考え方は 2 章のキソ知識 **1** −(2)で確認！

これより、条件を満たす正の整数のうち、最大のものは18、最小のものは6となり、その差は12で、正解は「3」です。

正解 3

✓ ココをCHECK！

◆ a を割ると b 余る数＝$(a-b)$ を割り切れる数＝$(a-b)$ の約数、という考え方を覚えよう。

◆ 割る数は余りよりも大きくなることに注意しよう！

PERSISTENCE
PAYS
OFF!

トレーニング 3

$53 \times 57 \times 59 \times 61$ を7で割ったときの余りとして、正しいのはどれか。

1. 0
2. 1
3. 2
4. 3
5. 4

1 割り算の余りの性質を覚えよう

$53 \times 57 \times 59 \times 61$ を計算して7で割れば答えが出ますが、この問題は、割り算の余りの性質を知っていれば、カンタンに解けます。

割り算の余りの性質
a, b を x で割った余りをそれぞれ c, d とすると、
$(a \times b)$ を x で割った余り $=(c \times d)$ を x で割った余り

2 割り算の余りの性質を使って計算しよう

$53 \times 57 \times 59 \times 61$ を7で割ったときの余りは、それぞれを7で割ったときの余りを掛けたものを、さらに7で割ったときの余りと等しくなるということです。

これでもまだ、なんだかまどろっこしいですね。実際に計算すると次の手順になります。

① それぞれの余りを出す

$53 \div 7 = 7$ 余り 4

$57 \div 7 = 8$ 余り 1

$59 \div 7 = 8$ 余り 3

$61 \div 7 = 8$ 余り 5

② 余りを掛ける

$4 \times 1 \times 3 \times 5 = 60$

③ ②を 7 で割って余りを出す

$60 \div 7 = 8$ 余り 4

これより、余りは 4 で正解は「5」です。

正解 5

ヒトコト

ちなみに、

$(53 \times 57 \times 59 \times 61)$

$\div 7$

$= 10872579 \div 7$

$= 1553225$ 余り 4

☑✍ココをCHECK！

◆ 割り算の余りの性質を覚えよう。公式としてではなく、手順を覚えよう！

トレーニング **4**

2015 年　警視庁Ⅰ類

　西暦 2016 年は 4 年に 1 度のうるう年で、この年の 2 月 29 日は月曜日である。次にうるう年になる西暦 2020 年 7 月 24 日の曜日として、最も妥当なのはどれか。

1．火曜日　　2．水曜日　　3．木曜日　　4．金曜日　　5．土曜日

1　日ごとに考えよう

　まず、2016 年 7 月 24 日の曜日を求めます。2016 年 2 月 29 日から何日後にあたるのか計算すると、

$$
\left.\begin{array}{l}
3,\ 5 月 \cdots\cdots 31 日 \times 2 = 62 日 \\
4,\ 6 月 \cdots\cdots 30 日 \times 2 = 60 日 \\
7 月 \cdots\cdots 24 日
\end{array}\right\}
\begin{array}{l}
62 + 60 + 24 \\
= 146 （日後）
\end{array}
$$

となります。146 ÷ 7 = 20 余り 6 より、146 日後は 20 週と 6 日後ですね。月曜日から 6 つ先に進み、2016 年 7 月 24 日は日曜日となります。

2　年ごとに考えよう

　次に、2016 年 7 月 24 日（日曜日）から 2020 年同日を考えましょう。通常だと、4 年間で 4 つ曜日が先に進みますが、この 4 年間に 2020 年 2 月 29 日を含みますね。よって、日曜日から 5 つ先に進み、2020 年 7 月 24 日は金曜日となります。

　これより、正解は「4」です。

正解 **4**

ココをCHECK！

◆ 求める日が何日後にあたるのかを計算して曜日を求めよう。
◆ うるう年の 2 月 29 日を間に含むのか、確認を忘れずに！

比の性質ををうまく使いこなして問題を解きましょう。この後に続く濃度算、平均算、損益算の基盤になりますよ。

頻出度
警察 ★★★★★
消防 ★★★☆☆

キソ知識 **比**

ある数 a の b に対する割合を、比を使って $a:b$ と表します。比の性質を確認していきましょう。

（1）掛け算、割り算

比のそれぞれの項に同じ数を掛けたり割ったりしても、比の値は変わりません。

<例>　　$8:12 = 2:3$　　　$4:5 = 20:25$
　　　　　　　　　$\div 4$　　　　　　　　$\times 5$

$$7:9 = 7x:9x$$
$\times x$

「割合が $7:9$ となる２つの数を $7x$ と $9x$ で表す」という考え方は、比の定番だから、よく覚えといてね。

（2）外項の積 = 内項の積

$a:b = c:d$ のとき、外項の積と内項の積は等しく、$ad = bc$ が成り立ちます。また、$ad = bc$ のとき、$a:b = c:d$ が成り立ちます。この性質を使うと、次のように x の値や比の値を求めることができます。

比の外側同士、内側同士を掛けても同じ値になるってことだね。

<例>
$$4x:9 = 5:3 \quad 12x = 45 \text{ より、} x = \frac{45}{12} = \frac{15}{4}$$

$$7x = 10y \text{ のとき、} x:y = 10:7$$

（3）比の合成

いくつかの比を合成するには最小公倍数を使います。

> **例**
>
> $a:b = 5:6$, $b:c = 8:3$ のとき、$a:b:c$ を求めなさい。

まず、共通している b を 6 と 8 の最小公倍数である 24 でそろえます（図 1）。

図 1

$$
\begin{array}{ccccc}
a & : & b & : & c \\
5 & : & 6 & & \cdots \text{①} \\
& & 8 & : & 3 \quad \cdots \text{②} \\
\hline
& & 24 & &
\end{array}
$$

①× 4，②× 3 で、比を合成すると、図 2 のようになります。

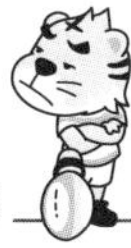

ナンデ
① より、$5:6 = 20:24$
② より $8:3 = 24:9$
これでどちらも $b = 24$ となるね。

図 2

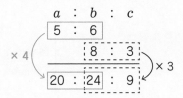

これより、$a:b:c = 20:24:9$ となります。

（4）比による配分

ある量を $a:b$ に配分するときは、$\dfrac{a}{a+b}$，$\dfrac{b}{a+b}$ となります。この性質は次のように利用できます。

＜例＞

$300\,\mathrm{m}^2$ の土地を A，B，C の 3 区画で $3:4:5$ に分けるとき、C 区画の面積は、

$$300 \times \frac{5}{3+4+5} = 300 \times \frac{5}{12} = 125\ (\mathrm{m}^2)$$

　太郎、次郎、三郎の3人は、お父さんから合わせて1万円のお小遣いをもらって遊園地に行った。3人がそれぞれ同じ金額の入園料を払うと、太郎、次郎、三郎の残金はそれぞれがもらったお小遣いの$\frac{2}{3}$, $\frac{1}{2}$, $\frac{2}{5}$になった。その後、昼食に3人は同じものを食べたところ、次郎の残金は750円になった。このとき、昼食を食べた後の三郎の残金として、最も妥当なのはどれか。

1. 150円
2. 250円
3. 350円
4. 450円
5. 550円

---

1 お小遣いの比を考えよう

　太郎、次郎、三郎の3人がもらったお小遣いをそれぞれ x円, y円, z円とします。入園料を払うと、残金はお小遣いの$\frac{2}{3}$, $\frac{1}{2}$, $\frac{2}{5}$になったことから、入園料は$\frac{1}{3}x$円, $\frac{1}{2}y$円, $\frac{3}{5}z$円となりますね。3人の入園料は同じ金額なので、

$$\frac{1}{3}x = \frac{1}{2}y = \frac{3}{5}z$$

が成り立ちます。これより、x, y, zの比を求めましょう。

$$\frac{1}{3}x = \frac{1}{2}y \text{ より、両辺を6倍して、}$$
$$2x = 3y \quad \text{よって、} x:y = 3:2 \quad \text{…①}$$
$$\frac{1}{2}y = \frac{3}{5}z \text{ より、両辺を10倍して、}$$
$$5y = 6z \quad \text{よって、} y:z = 6:5 \quad \text{…②}$$

ナンデ ❓🕐

太郎は入園料にお小遣いの$\frac{1}{3}$を使ったから、残金が$\frac{2}{3}$になったんだ。他の人も同様だよ。

お小遣い x

入園料 　残金
$\frac{1}{3}x$　$\frac{2}{3}x$

ヒトコト

この辺の計算は比の基本！ サラッと計算できるように、この章のキソ知識で確認しよう。

①，②を合成して、

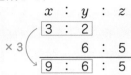

$$x : y : z$$

$$3 : 2$$

$$\times 3 \quad 6 : 5$$

$$9 : 6 : 5$$

$x:y:z = 9:6:5$ より、1万円を3人で$9:6:5$に
分けると、それぞれ 4500円，3000円，2500円 となり
ます。

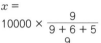
計算スルゾ

$x =$
$10000 \times \dfrac{9}{9+6+5}$

$= 10000 \times \dfrac{9}{20}$

$= 4500$

他も同様に、
$y = 10000 \times \dfrac{6}{20}$
$= 3000$
$z = 10000 \times \dfrac{5}{20}$
$= 2500$
全員分計算したけど、
太郎については特に必
要ないね。

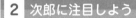

2 次郎に注目しよう

それぞれのお小遣いがいくらか分かったので、次郎のお
小遣いの変動を見てみると、

3000円もらう→入園料 $3000 \times \dfrac{1}{2} = 1500$（円）を

払う→残金1500円→昼食代を払う→残金750円

となり、昼食代は $1500 - 750 = 750$ より、750円と分
かります。

3 三郎に注目しよう

これより、三郎のお小遣いの変動は、

2500円もらう→入園料1500円を払う→残金1000円
→昼食代750円を払う→残金250円

と分かり、三郎の残金は250円で、正解は「2」となります。

正解 **2**

☑ココをCHECK！

◆ 分数などの割合が出てきたら、比に表すことを考えよう。

◆ 比の計算はキソ知識でしっかりとマスターしよう！

下図のように長方形ＡＢＣＤと正方形ＥＦＧＨが重なっている。長方形ＡＢ
ＣＤと正方形ＥＦＧＨの面積の比は７：４で、長方形ＩＦＪＤの面積は、正方
形ＥＦＧＨの面積の $\frac{3}{8}$ である。斜線部分の面積が $55\,\mathrm{cm}^2$ のとき、長方形ＡＢ
ＣＤの面積として、最も妥当なのはどれか。

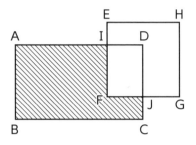

1. $63\,\mathrm{cm}^2$
2. $70\,\mathrm{cm}^2$
3. $77\,\mathrm{cm}^2$
4. $84\,\mathrm{cm}^2$
5. $91\,\mathrm{cm}^2$

1　面積の比を考えよう

　図のように、長方形ＡＢＣＤ，正方形ＥＦＧＨ，長方形
ＩＦＪＤの面積をそれぞれ a, b, c とします。

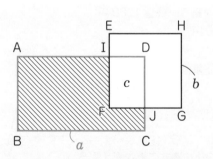

すると、条件から、$a:b=7:4$ ですね。また、c は b の $\dfrac{3}{8}$ より、

$$c = \dfrac{3}{8}\,b \quad 両辺を8倍して、\ 8c = 3b$$
$$よって、\ b:c = 8:3$$

となります。これより、$a:b,\ b:c$ を合成して $a,\ b,\ c$ の比を求めましょう。

$$
\begin{array}{c}
a\ :\ b\ :\ c \\
\times 2\left(\begin{array}{ccc}
\boxed{7\ :\ 4} & & \\
& 8\ :\ 3 & \\
\hline
\boxed{14\ :\ 8} & :\ 3 &
\end{array}\right.
\end{array}
$$

よって、面積の比は、$a:b:c = 14:8:3$ となります。

2 斜線部分に注目しよう

　斜線部分の面積は、前ページの図より $(a-c)$ の部分で、面積比の値は、$a-c = 14-3 = 11$ となります。この面積が $55\,\mathrm{cm}^2$ ですから、$a:(a-c)$ を式にして a の値を求めます。

$$a:(a-c) = 14:11 = a:55$$
$$11a = 14 \times 55 = 770 \quad よって、\ a = 70$$

　これより、長方形ＡＢＣＤの面積は $70\,\mathrm{cm}^2$ で、正解は「2」となります。

正解 2

✔ ココをCHECK！

◆ 条件から、面積の比を求めよう。
◆ 条件にある面積と、面積の比を利用して式を立てよう。

　ある職場では、男性のうち、既婚者と未婚者の比は3：7であった。また、既婚者の女性の人数は15人で、未婚者の女性の人数は既婚者の総人数より5人多く、既婚者の総人数と未婚者の総人数の比は1：3であった。この職場の総人数として、正しいのはどれか。

1．204人
2．256人
3．308人
4．360人
5．412人

1　表を作成しよう

　男性と女性、既婚者と未婚者の表を作成して人数をまとめましょう。男性の既婚者と未婚者の比は3：7なので、それぞれを $3x$ 人, $7x$ 人 とします。また、既婚者の女性が15人なので、表1のようになります。

ポイント

具体的な人数は分からないけど比なら分かる！　こんなときは x などの文字を使って人数を表そう。

表1

	男性	女性	総人数
既婚者	$3x$	15	$3x + 15$
未婚者	$7x$		

　未婚者の女性は既婚者の総人数より5人多いので、$(3x + 15) + 5 = (3x + 20)$ 人となり、表2を得ます。

表2

	男性	女性	総人数
既婚者	$3x$	15	$3x + 15$
未婚者	$7x$	$3x + 20$	$10x + 20$

ヒトコト

表にするとスッキリまとまるね。

2 比の式を立てよう

既婚者と未婚者の総人数の比が 1 : 3 なので、

$$(3x + 15) : (10x + 20) = 1 : 3$$

が成り立ちますね。外項の積＝内項の積より、これを解きます。

$$3(3x + 15) = 10x + 20$$
$$9x + 45 = 10x + 20$$
$$-x = -25 \quad よって、x = 25$$

よって、既婚者は、$3 \times 25 + 15 = 90$（人）、未婚者は $10 \times 25 + 20 = 270$（人）となります。

これより、この職場の総人数は、

「既婚者＋未婚者」で求められるね。

$$90 + 270 = 360$$

より、360 人となり、正解は「4」です。

正解 4

☑ココをCHECK！

◆ 割合が 3 : 7 の人数は、$3x$ 人と $7x$ 人とおけばいいね。このような数の表し方をマスターしよう。

トレーニング 3

　ある職場の男性職員と女性職員の人数の割合は 7 : 8 で、電車通勤者とバス通勤者の人数の割合は 4 : 5 である。電車通勤者のうち男性職員が 90 人、バス通勤者のうち女性職員が 126 人であるとき、この職場の全職員数として、最も妥当なのはどれか。ただし、職員は電車通勤者とバス通勤者以外はいないものとする。

1. 360 人
2. 405 人
3. 450 人
4. 495 人
5. 540 人

1　表を作成しよう

　電車通勤の女性を x 人、バス通勤の男性を y 人として、男性と女性、電車通勤者とバス通勤者の表を作成します。

	男性	女性
電車	90	x
バス	y	126

未知数が 2 つあったら、x と y とおいて連立方程式だ！

2　比の式を立てよう

　表 1 より、男性職員と女性職員の人数は、それぞれ（90 + y）人，（x + 126）人ですね。この比が 7 : 8 なので、

$$(90 + y) : (x + 126) = 7 : 8$$
$$8(90 + y) = 7(x + 126)$$
$$720 + 8y = 7x + 882$$
$$よって、7x - 8y = -162 \quad \cdots ①$$

となります。

　同様に、電車とバス通勤者の人数は、それぞれ（90 + x）

人、$(y + 126)$ 人で、この比が $4 : 5$ なので、

$$(90 + x) : (y + 126) = 4 : 5$$
$$5 (90 + x) = 4 (y + 126)$$
$$450 + 5x = 4y + 504$$
$$よって、5x - 4y = 54 \quad \cdots ②$$

となりますね。これより、①と②を連立して $x, \ y$ の値を求めます。

　② × 2 − ①より、

$$\begin{array}{r} 10x - 8y = 108 \\ -) \ \ 7x - 8y = -162 \\ \hline 3x = 270 \end{array} \quad よって、x = 90$$

　②に代入して、

$$\underline{5 \times 90 - 4y = 54} \quad これより、y = 99$$

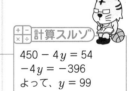

計算スルゾ
$$450 - 4y = 54$$
$$-4y = -396$$
$$よって、y = 99$$

　よって、この職場の全職員数は、

$$90 + 90 + 99 + 126 = 405$$

となり、405 人で正解は「2」です。

正解 2

✓ココをCHECK❗

◆ 未知数が 2 つあっても、方程式が 2 つ作れれば連立方程式で
　解けるね。

　A大学、B大学の入学試験において、A大学とB大学を比較したとき、受験者数の比は３：５、合格者数の比は２：９、不合格者数の比は４：５であった。競争率の組合せとして、最も妥当なのはどれか。

1．A大学 10.0 倍，B大学 5.0 倍
2．A大学 6.7 倍，B大学 2.2 倍
3．A大学 7.8 倍，B大学 2.9 倍
4．A大学 5.5 倍，B大学 1.9 倍
5．A大学 8.1 倍，B大学 3.3 倍

1　表を作成しよう

　A大学とB大学、それぞれの合格者数を $2x$ 人、$9x$ 人、不合格者数を $4y$ 人、$5y$ 人として、受験者数の表を作成します（表1）。

表1

	A大学	B大学
合格者数	$2x$	$9x$
不合格者数	$4y$	$5y$
受験者数	$2x + 4y$	$9x + 5y$

受験者数は、合格者数と不合格者数を足そう。

2　比の式を立てよう

受験者数の比がA大学とB大学で３：５なので、

$$(2x + 4y) : (9x + 5y) = 3 : 5$$
$$5(2x + 4y) = 3(9x + 5y)$$
$$10x + 20y = 27x + 15y$$
$$-17x = -5y$$
$$17x = 5y \quad \cdots ①$$

となります。

　さて、トレーニング３では、もう１つ式を作って連立方程式にしましたが、本問はこれ以上の条件はありませんね。

　ここで問題文に注目すると、人数に関して、比はありますが、具体的な人数が１つもありません。こんなときは、①を満たす人数を設定してしまいましょう。①より、

$$x : y = 5 : 17$$

が成り立つので、例えば $x = 5,\ y = 17$ とします。これを表１に代入すると、表２のようになります。

ヒトコト

$x{:}y = 5{:}17$ であれば、$x = 10,\ y = 34$ でも $x = 50,\ y = 170$ でも OK。でも、小さい数の方が計算しやすいからオススメ。

表2

	A大学	B大学
合格者数	10	45
不合格者数	68	85
受験者数	78	130

3　競争率を求めよう

　競争率は、「受験者数÷合格者数」で計算するので、

ヒトコト

合格者に対してどれだけの人が受験したかを示す倍率のこと。

A大学　$78 \div 10 = 7.8$
B大学　$130 \div 45 = 2.88\cdots \fallingdotseq 2.9$

より、A大学 7.8 倍、B大学 2.9 倍となり、正解は「3」です。

正解 3

✓ココをCHECK！

◆ 問題文の中に、具体的な数値（人数など）が１つもなく、割合（比、％、分数など）のみの場合は、式を満たす数値を設定してOK。

　　3つの数A，B，Cはいずれも2桁の異なる整数である。AとBの和の5倍とBとCの和の6倍が等しく、AとCの和の11倍とAとBの和の12倍が等しくなるとき、AとBとCの和の値として、最も妥当なのはどれか。

1．185
2．187
3．189
4．191
5．193

1　比の式を作ろう

　　AとBの和の5倍とBとCの和の6倍が等しいので、これを式にすると、

$$5(A+B) = 6(B+C)$$
よって、$(A+B):(B+C) = 6:5$　…①

となります。同様に、AとCの和の11倍とAとBの和の12倍が等しいので、

$$11(A+C) = 12(A+B)$$
よって、$(A+C):(A+B) = 12:11$　…②

が成り立ちます。ここで、①，②を合成しましょう。

$(A+B)$	:	$(B+C)$	:	$(A+C)$	
6	:	5			…①
11			:	12	…②
66	:	55	:	72	

　　これより、$(A+B):(B+C):(A+C) = 66:55:72$ となります。

ポイント

①と②に共通して（A＋B）があるね。A，Bと分けずに、とりあえずこのままA＋Bの形で進めていこう！

ヒトコト

A＋Bを66でそろえよう。

2 A，B，Cの和を求めよう

（A＋B）：（B＋C）：（A＋C）＝ 66：55：72 より、
A＋B ＝ $66x$，B＋C ＝ $55x$，A＋C ＝ $72x$ と表すことができます。

ここで、x の値がいくつになるか見当をつけてみると、A，B，Cは2桁の整数ですから、このうちの2つを足して 200 を超えることはありませんね。よって、$x = 1$，2 のいずれかだと考えることができます。

では、$x = 1$ を代入します。

$$\begin{cases} A＋B ＝ 66 \cdots ③ \\ B＋C ＝ 55 \cdots ④ \\ A＋C ＝ 72 \cdots ⑤ \end{cases}$$

③＋④＋⑤より、2A＋2B＋2C ＝ 193

よって、A＋B＋C ＝ $\dfrac{193}{2}$

A，B，Cは整数なので、和は分数になりませんね。
次に $x = 2$ を代入します。

$$\begin{cases} A＋B ＝ 132 \cdots ③ \\ B＋C ＝ 110 \cdots ④ \\ A＋C ＝ 144 \cdots ⑤ \end{cases}$$

③＋④＋⑤より、2A＋2B＋2C ＝ 386

よって、A＋B＋C ＝ 193

これより、AとBとCの和の値は 193 となり、正解は「5」です。

正解 5

ナンデ
$x = 3$ だとA＋C ＝ 216 で 200 を超えてしまうね。$x = 4$ から先は、和がもっと大きくなってしまうよ。

ポイント
A＋B ＝ 66
B＋C ＝ 55
A＋C ＝ 72
のように、2つの文字の足し算になっている式が3つある場合、3つの式を足し算すると答えが早く出るよ。

ヒトコト
選択肢に $\dfrac{193}{2}$ ってないしね。

ヒトコト
ちなみに、A＋B＋C ＝ 193 を⑥とすると、
⑥－④より、A ＝ 83
⑥－⑤より、B ＝ 49
⑥－③より、C ＝ 61

☑ココをCHECK！

◆ 比の値からA＋B ＝ $66x$，B＋C ＝ $55x$，A＋C ＝ $72x$ を導けるかがポイントになるよ。

◆ x の値を予測してから、A，B，Cを求めよう！

5 濃度算と平均算

「濃度」や「平均」といった割合がテーマです。前の章で学んだ比の性質を土台にします。キソ知識が長いですが、根気よく取り組みましょう。

頻出度
警察 ★★ ☆☆☆
消防 ★★ ☆☆☆

キソ知識 1 濃度算

濃度算で代表的なのは食塩水に関する問題です。公式を利用する解法と、少しテクニック的な<u>てんびん算</u>という解法があります。

ヒトコト

てんびん算って聞き慣れない人もいると思うけど、平均算（キソ知識2）でも使えて、すごく便利なんだ。解き方のコツを掴んでね。

（1）公式による解法

食塩水の濃度とは、<u>食塩水全体の量に対する食塩の量の割合</u>のことで、濃度 ＝ $\dfrac{食塩の量}{食塩水全体の量}$ で求めることができます。この式を変形すると、

$$食塩水全体の量 × 濃度 ＝ 食塩の量$$

という公式になります。これを使って次の例1，2を解きましょう。

ポイント

食塩と水の量を合わせて「食塩＋水」が全体の量になるね。

例 1
120gの水に30gの食塩を混ぜると濃度は何％か。

全体の量は 120 ＋ 30 ＝ 150（g）、食塩の量は30gですから、次のように求められます。

$$150x = 30 \quad よって、x = \underline{0.2} = \underline{20}（％）$$

ヒトコト

割合（小数）を％にするには、小数点の位置を2つ右へ！
0.20 ＝ 20％

例2

> 濃度5%の食塩水100gに、濃度10%の食塩水を混ぜると濃度が8%になった。濃度10%の食塩水は何g混ぜたか。

　それぞれの食塩水について食塩の量に注目します。濃度5%の食塩水は、$100 \times 0.05 = 5$（g）、濃度10%の食塩水は食塩水の量をxgとすると、$x \times 0.1 = 0.1x$（g）となります。

　2つの食塩水を混ぜると、全体の量＝$(100 + x)$g、濃度＝8%、食塩の量＝$(5 + 0.1x)$g となるので、次のように計算できます。

全体の量と食塩の量は2つの食塩水を足せばOK！
濃度は8%って書いてあるよね。

$$(100 + x) \times 0.08 = 5 + 0.1x$$
これを解いて、$x = 150$（g）

計算スルゾ

両辺に100を掛けて、
$(100 + x) \times 8$
$= 500 + 10x$

$800 + 8x$
$= 500 + 10x$

$-2x = -300$

よって、$x = 150$

（2）てんびん算による解法

　さて、例1のように公式でスパッと解ければよいですが、例2は式がやや複雑ですね。ここで役立つのがてんびん算です。

　図1のように、重さがx, yのおもりを、それぞれ、てんびんの支点からa, bの距離のところにかけて、つり合ったとします。これをてんびん図といいます。

図1

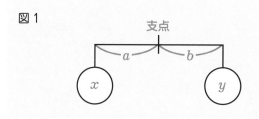

　このとき、てんびんの原理から$ax = by$が成り立ちます。これより、

てんびんがつり合っているとき、支点からの距離と重りの重さをかけると左右で同じになるんだ。

$$a : b = y : x$$

となり、支点からの距離の比と、重さの逆比が等しくなります。

　先ほどの例2をてんびん算で解きますので、解法を覚えましょう。

　例2を「2つの食塩水をてんびんにかけて、8%でつりあった」と考え、2つの食塩水を左右に、8%を支点にとったてんびん図を書きます（図2）。

　5%から10%までを濃度（%）の数直線だと思ってください。すると、支点（8%）からの距離はそれぞれ8－5＝3，10－8＝2となりますね。

出来上がりの濃度でつりあうってイメージだよ。

図2

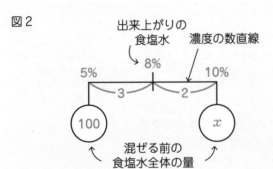

てんびん図を描くときは、真ん中あたりに支点を書けばOK！
長さが3：2になるように……なんてキレイにかかなくていいからね。

　図2において、支点からの長さの左右の比（3：2）と、重さの右左の比（x：100）が等しいので、次のようにxを求めることができます。

$$3：2 = x：100$$
内項の積＝外項の積より、$2x = 300$
よって、$x = 150$（g）

平仮名の「つ」をなぞるように、長さと重さの比の式を3：2＝x：100と作ろう！
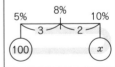

　このように、濃度算では、濃度の数直線の左右のおもりに混ぜる食塩水の量、支点にできあがりの食塩水の濃度をおいて、てんびん図を描きます。

　では、もう1問、2つの解法で解いてみましょう。

例3

濃度の分からない食塩水 250 g に水 50 g を混ぜると 12%の食塩水になった。元の食塩水の濃度は何%か。

公式による解法

　元の食塩水の濃度を x とすると、食塩の量は $250x$ g となります。これに水 50 g を混ぜると、全体の量 = 250 + 50 = 300（g）、濃度 = 12%、食塩の量 = $250x$ g となるので、次のように計算できます。

$$300 \times 0.12 = 250x$$
$$250x = 36 \quad よって、 x = 0.144 = 14.4（\%）$$

公式で解くときは食塩の量に注目しよう。水を混ぜても食塩の量は変わらないからね。

てんびん算による解法

　水と元の食塩水をてんびんにかけて、12%でつりあったと考えます。元の食塩水と支点（12%）の距離を x とおいて、てんびん図に表します（図3）。

図3

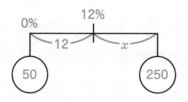

図3より、x を求めると次のようになります。

$$12 : x = 250 : 50 \qquad 250x = 600 より、 x = 2.4$$

よって、図3の濃度の数直線より、元の食塩水の濃度は 12%よりも 2.4%大きいと分かり、12 + 2.4 = 14.4 より、14.4% となります。

濃度ではなく、「比の式を作るときに分からない値」を x とおこう！

水は濃度 0%だね。食塩水と水のうち、濃度（%）が小さい方（0%）を左においた方が見やすいよ。数直線も小さい数が左にあるからね。

キソ知識 **2** 平均算

点数などの平均に関する平均算も、公式の利用とてんびん算の 2 つの解法があります。

（1）公式による解法

平均は「平均 ＝ 合計 ÷ 個数」という公式で求めることができ、この式を変形すると、

$$平均 × 個数 ＝ 合計$$

例えば、35 点, 50 点,
80 点の 3 つの平均は、
(35 ＋ 50 ＋ 80) ÷ 3
＝ 165 ÷ 3 ＝ 55（点）
と求められるよね。

となります。平均算の問題にはこの公式を使用します。

（2）「てんびん算」による解法

2 つのグループそれぞれの平均と、2 つのグループを合わせた平均を考える問題では、濃度算と同様にてんびん算を利用できます。

では、例題を 2 つの解法で解いてみましょう。

A 組と B 組の人数は
違うから、平均点を単
純に 2 で割って
$\frac{62 ＋ 76}{2}$ ＝69（点）
と考えないようにね！

例 4

あるテストで、A 組 30 人の平均は 62 点、B 組 40 人の平均は 76 点だった。両クラスの平均は何点か。

公式による解法

A 組の合計点は、62 × 30 ＝ 1860（点）、B 組の合計点は 76 × 40 ＝ 3040（点）です。両クラスをまとめると、平均＝ x 点, 人数＝ 30 ＋ 40 ＝ 70（人）, 合計＝ 1860 ＋ 3040 ＝ 4900（点）となるので、次のように計算できます。

人数と合計点は両クラ
スを足せば OK！ 平均
は問題文にないから x
とおこう。

$$x × 70 ＝ 4900 \qquad これより、x ＝ 70$$

これより、両クラスの平均は 70 点となります。

70

てんびん算による解法

　平均 62 点の A 組 30 人と、平均 76 点の B 組 40 人をてんびんにかけて、てんびん図に表します（図 4）。

図 4

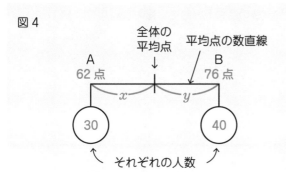

　図 4 において、$x:y = 40:30 = 4:3$ が成り立ちます。平均点の数直線で、A B の距離は $76 - 62 = 14$ なので、図 5 のようにして 14 点を 4：3 に分けます。

図 5

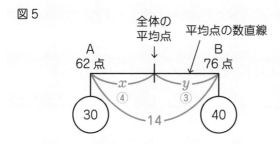

　これより、x を求めると、

$$x = 14 \times \frac{4}{4 + 3} = 8$$

となります。よって、平均点の数直線より、両クラスの平均点は A 組の平均点より 8 点高く、$62 + 8 = 70$ より、70 点となります。

ヒトコト

x ではなく y を求めても OK！
$y = 14 \times \dfrac{3}{4 + 3} = 6$
より、両クラスの平均点は B 組の平均点より 6 点低く、$76 - 6 = 70$（点）となるね。

　ある試験の結果は、全受験者の平均点が30点であり、全受験者のうち20%が合格した。合格者の平均点は合格点より15点高く、不合格者の平均点は合格点より20点低かった。この試験の合格点として、最も妥当なのはどれか。

1. 39点
2. 40点
3. 41点
4. 42点
5. 43点

公式による解法

1 合格者と不合格者の合計点を求めよう

　合格者と不合格者の合計点を、それぞれの平均点と人数から求めます。

　まず、合格点を x 点とすると、合格者の平均点は（$x + 15$）点、不合格者の平均点は（$x - 20$）点と表せますね。

　また、全受験者数を y 人とすると、このうち20%が合格、残りの80%が不合格なので、それぞれの人数は $0.2y$ 人、$0.8y$ 人となります。

　これらをもとに、それぞれの合計点を求めると次のようになります。

$$(x + 15) \times 0.2y = 0.2xy + 3y \quad \cdots\cdots 合格者$$
$$(x - 20) \times 0.8y = 0.8xy - 16y \quad \cdots\cdots 不合格者$$

ポイント

「平均 × 個数 ＝ 合計」の公式を使うよ。

2 全受験者の式を作ろう

　全受験者の平均点は30点、人数は y 人ですね。合計点は、合格者と不合格者の合計点を合わせればよいので、（$0.2xy + 3y$）＋（$0.8xy - 16y$）＝（$xy - 13y$）点となり、これらをまとめると次のように計算できます。

$$30y = xy - 13y$$

両辺を y で割って、$30 = x - 13$

$-x = -43$　よって、$x = 43$

公式で解くときも、てんびん算で解くときも、合格点と平均点を混同しないようにね。

これより、この試験の合格点は 43 点となり、正解は「5」です。

てんびん算による解法

1 てんびん図を作ろう

全受験者数を x 人とします。このうち 20 % が合格、残りの 80 % が不合格なので、それぞれの人数は $0.2x$ 人, $0.8x$ 人と表せますね。さらに、全受験者の平均点が 30 点であることから、てんびん図は図 1 のようになります。

図 1

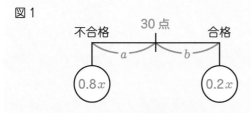

これより、支点からの距離をそれぞれ a, b とすると、

$$a : b = 0.2x : 0.8x = 1 : 4$$

となります。

ここで、合格者の平均点は合格点より 15 点高く、不合格者の平均点は合格点より 20 点低かったことより、両者の差は 15 + 20 = 35（点）となりますね。

ここまでを図 1 に書き加えると図 2 のようになります。

図２

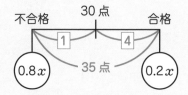

2 比の式を作ろう

図２より、合格者と不合格者の平均点の差である 35 点を 1：4 に分けて a の値を求めると、

$$a = 35 \times \frac{1}{5} = 7$$

となり、不合格者の平均点は 30 − 7 = 23 より、23 点ですね。

この試験の合格点は不合格者の平均点より 20 点高かったことから、23 + 20 = 43 より、43 点となり、正解は「5」です。

合格者の平均点から求めても OK だけど、小さい数の方が計算がラクだよね。

正解 5

☑ココをCHECK！

◆ 平均算の問題では、てんびん算の支点になるのは全体の平均点。
   これと合格点は全くの別物だから、気を付けてね。

ある学年で A 組 24 人、B 組 16 人、計 40 人の身長を調べた。A 組の平均身長は、A 組と B 組を合わせた全体の平均身長より 4cm 低かった。このとき、B 組の平均身長と、A 組の平均身長との差として、最も妥当なのはどれか。

1. 9cm
2. 10cm
3. 11cm
4. 12cm
5. 13cm

公式による解法

1 組ごとの身長の合計を求めよう

A 組の平均身長を x cm、B 組の平均身長を y cm とします。それぞれのクラスの身長の合計は、A 組が $24x$ cm、B 組は $16y$ cm ですね。

2 組を合わせたときの式を作ろう

A 組と B 組を合わせると、平均身長は $(x + 4)$ cm、人数は 40 人、身長の合計は $(24x + 16y)$ cm となり、次のように計算できます。

$$(x + 4) \times 40 = 24x + 16y$$
$$40x + 160 = 24x + 16y$$
$$16x - 16y = -160$$

両辺を -16 で割って、$y - x = 10$

よって、B 組の平均身長と A 組の平均身長の差は 10cm となり、正解は「2」です。

ヒトコト

「A 組の平均身長は全体より 4cm 低い」＝「全体の平均身長は A 組より 4cm 高い」ってことだね。

ポイント

求めるのは「平均身長の差」だから、差が出るように整理しよう。

1 てんびん図を作ろう

　A組とB組の人数と平均身長で、次のようにてんびん図を作ります。A組と全体の平均身長の差は 4cm ですが、B組と全体の平均身長の差は分からないので $x$cm としましょう。

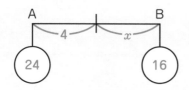

ポイント

A組もB組も全体も、平均身長がいくつなのかは分からないけど、求めるのは「差」だから、てんびん図の x の部分が分かればOK！

2 比の式を作ろう

　これより、$4 : x$ と $16 : 24 = 2 : 3$ が等しいので、

$$4 : x = 2 : 3 \quad 2x = 12 \text{ より、} x = 6$$

となり、B組と全体の平均身長の差は 6cm となります。

　よって、B組とA組の平均身長の差は $4 + 6 = 10$ より、10cm となり、正解は「2」です。

正解 2

✓ ココをCHECK！

◆ どちらの解法も、各クラスの平均身長は求められなかったけど、差が分かればOK！　いろんな問題を解いてコツをつかんでいこう。

薬品Xと薬品Yを1：9の割合で含む混合薬Pが500g、薬品Xと薬品Yを7：3の割合で含む混合薬Qが1000gある。この2種類の混合薬を使って、薬品Xと薬品Yを9：11の割合で含む混合薬Rを作る。このとき、作ることができる混合薬Rの最大量として、最も妥当なのはどれか。

1. 400g
2. 600g
3. 800g
4. 1000g
5. 1200g

公式による解法

1 薬品Xの量に注目しよう

薬品Xまたは薬品Yを含む混合薬の濃度算と考えましょう。例えば薬品Xに注目すると、Pは「濃度 $\dfrac{1}{1+9} = \dfrac{1}{10}$ の混合薬500g」とみることができます。同様に、混合薬Qは「濃度 $\dfrac{7}{7+3} = \dfrac{7}{10}$ の混合薬1000g」となりますね。

これらをすべて混ぜるわけではないので、混合薬Pを p g、混合薬Qを q g混ぜたとしましょう。すると、それらに含まれるXの量は、

$$混合薬P \cdots\cdots p \times \frac{1}{10} = \frac{1}{10}p\,(g)$$

$$混合薬Q \cdots\cdots q \times \frac{7}{10} = \frac{7}{10}q\,(g)$$

となります。

そして、混合薬PとQを混ぜた混合薬Rは、全体の量 $=(p+q)$ g、濃度 $=\dfrac{9}{9+11} = \dfrac{9}{20}$、Xの量 $=\left(\dfrac{1}{10}p + \dfrac{7}{10}q\right)$ g となるので、次のように計算できます。

ポイント

分かりにくかったら、薬品X＝塩、薬品Y＝水で、これを混ぜた食塩水と考えて。濃度は「%」でなく、分数で表しているんだ！

ヒトコト

「食塩水全体の量×濃度＝食塩の量」が「混合薬全体の量×濃度＝薬品Xの量」に変わっただけだよ。

$$（p + q）\times \frac{9}{20} = \frac{1}{10}p + \frac{7}{10}q$$

両辺に 20 を掛けて、

$$9（p + q） = 2p + 14q$$
$$9p + 9q = 2p + 14q$$
$$7p = 5q より、p : q = 5 : 7$$

　よって、混合薬PとQを5：7で混ぜればよいと分かります。

2　混合薬Rの最大量を考えよう

　混合薬Rを最大量作るために、PとQのどちらかすべてを使い切ると考えます。Pを500 gすべて使うと、Qは700 g必要になりますね。逆に、Qを1000 g使うとPは約714 g必要になり、Pが足りません。

　よって、作ることができる混合薬Rの最大量は500（P）+ 700（Q）= 1200（g）となり、正解は「5」です。

ヒトコト

5：7で混ぜるからね。

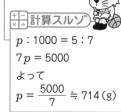

計算スルゾ

$$p : 1000 = 5 : 7$$
$$7p = 5000$$
よって
$$p = \frac{5000}{7} ≒ 714（g）$$

てんびん算による解法

薬品Xの量に注目しよう

　「公式による解法」と同様、薬品Xに注目して、濃度$\frac{1}{1 + 9} = \frac{1}{10}$の混合薬Pを$p$gと、濃度$\frac{7}{7 + 3} = \frac{7}{10}$の混合薬Qを$q$g混ぜたと考えます。これらをてんびんにかけると、濃度$\frac{9}{9 + 11} = \frac{9}{20}$でつりあうので、てんびん図は次のようになります。

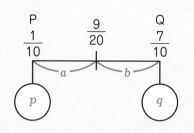

支点 $\left(\dfrac{9}{20}\right)$ からそれぞれまでの距離を a, b とすると、

$a = \dfrac{9}{20} - \dfrac{1}{10} = \dfrac{7}{20}$, $b = \dfrac{7}{10} - \dfrac{9}{20} = \dfrac{5}{20}$ となり、

$$p : q = \dfrac{5}{20} : \dfrac{7}{20} = 5 : 7$$

ですね。この続きは「公式による解法の $\boxed{2}$ 」と同じで、正解は「5」となります。

正解 5

✅ **ココをCHECK！**

◆ XとYが $x : y$ の割合で含む混合薬のような問題も、XとYのどちらかに注目して、濃度算と同様に、公式またはてんびん算で解こう！

トレーニング 3

　ある濃度の食塩水を400gずつ容器Aと容器Bに入れ、容器Aには食塩を20g、容器Bには水を200g入れてよくかき混ぜた。その後、容器A，Bから210gずつ取り出し、空の容器Cに入れてよくかき混ぜたところ、最初の食塩水と同じ濃度になった。この食塩水の濃度として、最も妥当なのはどれか。

1. 10.5%
2. 11.0%
3. 11.5%
4. 12.0%
5. 12.5%

公式による解法

1 それぞれの食塩の量を求めよう

　それぞれの食塩水についての操作をまとめると図のようになります。

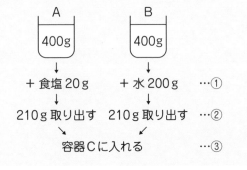

「食塩水全体の量×濃度＝食塩の量」だからね。

　容器A，Bに入っている400gの食塩水の濃度を x とすると、それぞれの食塩の量は $400x$ g ですね。この後、①，②の操作における食塩水全体の量と食塩の量を確認しましょう。

　①の操作では、容器Aの食塩水全体、食塩の量ともに20g増え、容器Bは食塩水全体の量が200g増えます（表1）。

食塩を入れれば、その分だけ全体の量が増えるし、もちろん食塩自体の量も増えるね。

表1

	容器A	容器B
食塩水の量（g）	420	600
食塩の量（g）	$400x + 20$	$400x$

②の操作では、それぞれの容器から210gずつ取り出すわけですが、容器Aはちょうど半分の量を取り出し、容器Bは全体の$\dfrac{210}{600} = \dfrac{7}{20}$を取り出します。これより、それぞれから取り出した食塩水は表2のようになります。

表2

	容器Aから取り出した	容器Bから取り出した
食塩水の量（g）	210	210
食塩の量（g）	$(400x + 20) \div 2 =$ $200x + 10$	$400x \times \dfrac{7}{20} = 140x$

2　容器Cの式を作ろう

②の食塩水を容器Cに入れると、全体の量は210 + 210 = 420（g）、濃度は最初の食塩水と同じx、食塩の量は$(200x + 10) + 140x = (340x + 10)$gとなることから、次のように計算できます。

$$420x = 340x + 10$$
$$80x = 10 \quad よって、x = 0.125 = 12.5（\%）$$

よって、食塩水の濃度は12.5%となり、正解は「5」です。

ポイント

③の食塩水で、「全体の量×濃度＝食塩の量」の式を作ろう。

てんびん算による解法

1 てんびん図を作ろう

　容器A〜Cの操作について、てんびん図を作ります。

　まず、容器Aは、濃度 x% の食塩水 400g に食塩 20g を入れて y% になったとすると、図1のようになります。左右の重さの比は 400：20 ＝ 20：1 となるので、てんびんの支点（y%）からの距離の比は 1：20 となりますね。

図1

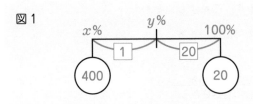

食塩は濃度100%だよ。

　次に容器Bですが、濃度 x% の食塩水 400g に水 200g を入れて z% になったとすると、図2のようになります。てんびんの支点（z%）からの距離の比は 400：200 ＝ 2：1 となります。

支点からの距離の比は実際の長さではないから、比だと分かるように○、△などをつけているよ。

図2

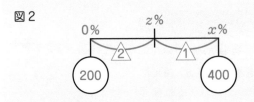

水は濃度0%だよ。

　続いて容器Cは、濃度 y% と濃度 z% の食塩水をそれぞれ 210g 入れて、最初の食塩水と同じ x% になりました（図3）。てんびんの支点（x%）からの距離の比は 210：210 ＝ 1：1 となります。

図3

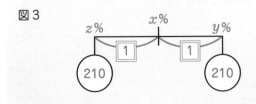

2 濃度の数直線の部分を合成しよう

ここで、図1〜3の3つのてんびん図の中で、濃度の
数直線の部分を<u>合成</u>させます（図4）。

合成させると0%から
100％の濃度の数直線
になって、具体的な計
算ができるよ。食塩水
の重さの部分は関係な
いから省いちゃおう。

図4

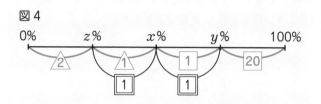

すると、図4で $\triangle\!\!1$ ＝ $\boxed{1}$ ， $\boxed{1}$ ＝ $\boxed{1}$ が成り立ちますね。
これより、図4の△と□を $\boxed{}$ に書き直すと、図5が出来
上がります。

図5

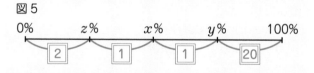

求める濃度である x ％は、0% から 100％の濃度の数直
線を 2：1：1：20 にわけたうちの 3（＝ 2 ＋ 1）にあた
るので、

$$100 \times \frac{3}{2 + 1 + 1 + 20} = 100 \times \frac{3}{24}$$

$$= 100 \times \frac{1}{8} = 12.5$$

となり、12.5％ で正解は「5」です。

正解 **5**

☑️ココをCHECK❗

◆ ややこしい問題だけど、操作に対して1つずつ式、またはてん
びん図を描いて、まとめよう。

物を仕入れて、売って、さらに安くして売って……売る立場で考えれば、この流れが見えるはず！ 頻出度はあまり高くありませんが、比較的解きやすい問題が多く、お得感アリです。

頻出度
警察 ★★ ☆☆☆
消防 ★★ ☆☆☆

キソ知識 損益算

　損益算は、「売る立場」になって考える問題がメインです。ある商品を a 円で仕入れ（原価）、それを b 円で売り（定価）、売れなかったので値引きして c 円で売る（売価）。その結果 d 円の利益……というのが大まかな流れで、原価, 定価, 売価（とそれぞれにおける利益）の順に考えていけばたいていの問題は解けます。

　例えば、原価 100 円, 定価 800 円, 売価 500 円とすると、この商品を定価で売れば $800 - 100 = 700$（円）の利益、売価で売れば $500 - 100 = 400$（円）の利益になりますね。

　では、例題を 1 つ解いてみましょう。

例

ある商品を 1 個 150 円で 80 個仕入れ、4 割の利益を見込んで定価をつけたが売れ残ってしまった。残りは定価の 2 割引きの価格にして全て売り、利益は合計 3540 円となった。定価で売った個数を求めなさい。

　定価で x 個、売価で（$80 - x$）個売ったとして、定価および売価で売ったときの利益をそれぞれ求めます。

　定価は、原価 150 円に対して 4 割の利益を見込む、すなわち原価の 4 割増しの金額なので、定価および 1 個あたりの利益は、

ヒトコト

「4 割の利益を見込んで」は損益算で定番の言い方。4 割増しってことだね。
4 割増し = 40％増し
= 140％ → × 1.4

$$定価 = 150 \times 1.4 = 210（円）$$
$$利益 = 210 - 150 = 60（円）$$

となります。よって、定価で x 個売ったときの利益は $60x$（円）となりますね。

　続いて、売価は定価の 2 割引きなので、売価および 1 個あたりの利益は、

2 割引き = 20%引き
= 80% → × 0.8

$$売価 = 210 \times 0.8 = 168（円）$$
$$利益 = 168 - 150 = 18（円）$$

となり、売価で $(80 - x)$ 個売ったときの利益は $18(80 - x)$ 円となります。

　利益の合計が 3540 円であることから、次の式が成り立ちます。

$$60x + 18(80 - x) = 3540$$

　これを解いて、$x = 50$ となり、定価で売った個数は 50 個と分かります。

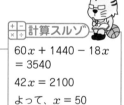

計算スルゾ

$60x + 1440 - 18x$
$= 3540$

$42x = 2100$

よって、$x = 50$

定価で売ると1個につき400円の利益が出る商品がある。この商品を定価の10%引きで11個売ったときの利益は、定価の5%引きで6個売ったときの利益に等しい。この商品の定価として、最も妥当なのはどれか。ただし、消費税は考えないものとする。

1. 2,100円
2. 2,200円
3. 2,300円
4. 2,400円
5. 2,500円

1 原価と売価から利益を求めよう

求める定価を x 円とすると、原価は $(x - 400)$ 円となります。

まず、この商品を定価の10%引きで売ったときの売価および1個あたりの利益は、

$$売価 = 0.9x（円）$$
$$利益 = 0.9x - (x - 400)$$
$$= (-0.1x + 400)円 \cdots ①$$

となります。同様に、定価の5%引きで売ったときは、

$$売価 = 0.95x（円）$$
$$利益 = 0.95x - (x - 400)$$
$$= (-0.05x + 400)円 \cdots ②$$

ですね。

原価に対して400円の利益を加えたのが定価だから、原価は定価より400円安くなるね。

10%引き
＝90%引き→×0.9

5%引き
＝95%引き→×0.95

2 問題文を式にしよう

問題文より、①× 11 ＝ ②× 6 が成り立ち、次のように計算できます。

$$11 (-0.1x + 400) = 6 (-0.05x + 400)$$
$$-1.1x + 4400 = -0.3x + 2400$$

両辺を 10 倍して
$$-11x + 44000 = -3x + 24000$$
$$-8x = -20000 \quad よって、x = 2500$$

これより、この商品の定価は 2500 円となり、正解は「5」です。

正解 5

✔ ココをCHECK！

◆ いくらで仕入れてきたものをいくらで売ったか……この差が利益となるね。それぞれを x を使って表そう。

　ある商品を定価の8%引きで売ったところ、原価の15%の利益になった。このとき、定価は原価の何%の利益を見込んでつけていたか、その割合として、最も妥当なのはどれか。

1．21%　　　2．22%　　　3．23%　　　4．24%　　　5．25%

1　原価と売価から利益を求めよう

　原価を x 円、定価を y 円とすると、売価は定価の8%引きなので、この商品の売価および利益は、次のようになります。

$$売価 = 0.92y 円$$
$$利益 = (0.92y - x) 円$$

計算スルゾ

両辺を100倍して
$92y - 100x = 15x$
$92y = 115x$
よって、$y = 1.25x$

2　問題文を式にしよう

　利益は原価の15%なので、次のように式を立てることができます。

$$0.92y - x = 0.15x$$

　この式を y について解くと、$y = 1.25x$ となります。
　よって、定価（y）は原価（x）の1.25倍、つまり原価の25%の利益を見込んでつけたと分かり、正解は「5」です。

正解 5

ポイント

「原価の25％の利益を見込んで」＝「原価の25％増しで」＝「原価の125％」＝「原価×1.25」だよね。この作業を逆から考える感じかな。

✓ ココをCHECK！

◆「原価の〇%の利益を見込んで」は、原価の何倍になるのか考えよう。

　ある店で120本のジュースを仕入れて、原価に25%の利益を見込んで定価をつけた。1日目は定価で売り、2日目は定価の1割引で売ったところ、2日目にすべて売り切れた。その結果、全体としては原価の2割の利益となった。このとき、1日目に売れたジュースの本数として、最も妥当なのはどれか。

1. 68本
2. 69本
3. 70本
4. 71本
5. 72本

1　原価と売価から利益を求めよう

　原価を x 円とします。1日目に y 本、2日目に（120 − y）本売ったとして、2日間の利益を求めます。

　1日目の定価は原価の25%増しで 1.25x 円となり、次のように計算できます。

1日目
　・定価 = 1.25x 円
　・1本あたりの利益 = 1.25x − x = 0.25x（円）
　・y 本売ったときの利益 = 0.25xy 円　…①

　2日目の売価は1日目の定価の1割引きなので、次のようになります。

2日目
　・売価 = 1.25x × 0.9 = 1.125x（円）
　・1本あたりの利益 = 1.125x − x = 0.125x（円）
　・（120 − y）本売ったときの利益
　　= 0.125x（120 − y）
　　= （15x − 0.125xy）円　…②

全体として、原価の２割の利益になったということは、
２日間の利益の合計（①＋②）が全体の仕入れ値 $\underline{120x\text{円}}$
の２割になったということですね。

これを式にして解くと次のようになります。

$$0.25xy + (15x - 0.125xy) = 120x \times 0.2$$
$$0.25xy + 15x - 0.125xy = 24x$$
両辺に 1000 を掛けて x で割ると、
$$\underline{250y + 15000 - 125y = 24000}$$
$$125y = 9000 \quad \text{よって、} y = 72$$

これより、１日目に売れたジュースの本数は 72 本で、
正解は「5」となります。

原価 x 円で 120 本仕
入れたから、全体の仕
入れ値は $120x$ 円だ
ね。

x が消えちゃったね。
この問題には具体的な
金額が１つも書かれて
いないから、結局原価
はいくらか分からない
んだ。

正解 5

✅ ココをCHECK！

◆ 原価も本数も分からなければ、x，y とおいて式を立てよう。

◆ 式が複雑になっても諦めないで。定価と売価とその利益を１つず
つ求めていけば OK！

算数・数学の キソ知識 ○%，△割を小数に直す

　百分率（%）を使った割合の計算をするには、○%を小数に直す必要があります。

　○%を小数に直すには、100% = 1 と考えて、小数点の位置を左に 2 つ移動させます。

　また、△割を小数に直すには、10 割 = 1 と考えて、小数点の位置を左に 1 つ移動させます。「8 割 = 80% = 0.8」のように、△割を%に直してから小数にしても OK です。

　　<例>　4 5 % = 0.45　　　　7 割（= 70%）= 0.7　　　　3 % = 0.03

　「30%増し」といった場合は、元となる 100%に 30%を足して 130%となり、小数にすると 1.3 です。「12%引き」の場合は、100%から 12%を引いて 88%となり、小数にすると 0.88 となります。

　　<例>　6 割増し = 60 %増し = 1 6 0 % = 1.6

　　　　　5%引き = 9 5 % = 0.95

　　　　　2 割引き = 20%引き = 8 0 % = 0.8

「速さ」には、公式や比を使って解くノーマルな問題と、旅人算、時計算、通過算、流水算といった特殊な問題があります。「速さ その1」ではノーマル問題を扱います。頻出度はとても高いですよ。

頻出度
警察 ★ ★ ★ ★ ★
消防 ★ ★ ★ ★ ★

キソ知識 1 速さ　公式による解法

まずは、速さに関する公式を確認します。

・距離 ＝ 速さ × 時間
・速さ ＝ 距離 ÷ 時間
・時間 ＝ 距離 ÷ 速さ

これらの公式を「き・は・じ」などと覚えている人もいるでしょう。例題を1問解いて公式を思い出しましょう。

ヒトコト

「き＝は×じ」（距離＝速さ×時間）、「み＝は×じ」（道のり＝速さ×時間）、

$$\frac{き}{は\ じ}$$ など、

覚え方はイロイロあるね。自分の記憶の引き出しから1つ出してみてね。

例

時速64kmの車が1時間15分走ったときに進む距離は何kmか。

速さ ＝ 64km/時、時間 ＝ 1時間15分 ＝ $\frac{5}{4}$時間

であることから、距離 ＝ $64 × \frac{5}{4} = 80$（km）と計算できます。

キソ知識 2 速さ　比による解法

速さの問題は、公式の他に比による解法があります。2つのシチュエーションで、速さ，時間，距離の3つのうち1つの値が等しい条件が出たときには、比の関係を使うとスムーズに解けることが多いのですが、考え方が公式に比べて難しいので、苦手な人は読み飛ばしてください（どの問題も公式で解けるから大丈夫です！）。

計算スルゾ

1時間 ＝ 60分だから、「○分」を「△時間」にするには60で割る、つまり「○分 ＝ $\frac{○}{60}$時間」とすればOK。

1時間15分 ＝ 75分
＝ $\frac{75}{60}$時間 ＝ $\frac{5}{4}$時間

または、1時間15分 ＝ $1\frac{15}{60}$時間 ＝ $1\frac{1}{4}$時間
＝ $\frac{5}{4}$時間

　例えば、時速50kmの車が、2時間走ったときと3時間走ったときの時間と距離の比を考えます。それぞれが進んだ距離は、$50 × 2 = 100$（km），$50 × 3 = 150$（km）ですから、

> ・時間の比 … 2：3
> ・距離の比 … 100：150 ＝ 2：3

となり、速さが等しいとき、時間と距離の比は等しくなります。

　次に、5分間でAくんが750m、Bくんが900m進んだときの距離と速さの比を考えます。
　Aくんの速さは $750 ÷ 5 = 150$（m/分）、Bくんの速さは $900 ÷ 5 = 180$（m/分）ですから、

> ・距離の比 … 750：900 ＝ 5：6
> ・速さの比 … 150：180 ＝ 5：6

となり、時間が等しいとき、距離と速さの比は等しくなります。

　では、距離が等しい場合、速さと時間の比はどうなるでしょう？
　例として、150kmの距離を、電車が時速100km、バスが時速60kmで移動した場合を考えます。それぞれがかかった時間を求めると、電車は、150 ÷ 100 = 1.5（時間）、バスは150 ÷ 60 = 2.5（時間）ですから、

> ・速さの比 … 100：60 ＝ 5：3
> ・時間の比 … 1.5：2.5 ＝ 15：25 ＝ 3：5

電車→ $150 ÷ 100 = \frac{3}{2}$（時間）、バス→ $150 ÷ 60 = \frac{5}{2}$（時間）より、
電車：バス $= \frac{3}{2} : \frac{5}{2}$ $= 3：5$
これもモチロンOK！

となり、距離が等しいとき、速さと時間の比は逆になります。

これらの例から次のことが分かります。

・速さが等しいとき、時間の比＝距離の比
・時間が等しいとき、距離の比＝速さの比
・距離が等しいとき、速さと時間の比は逆

ややこしくて覚えるのが大変だと思う人には、次のような覚え方もオススメです。

・速さが等しいとき、「き＝は×じ」の「は」を隠すと、
「き＝■じ」 < 距離の比＝時間の比ってコト

・時間が等しいとき、「き＝は×じ」の「じ」を隠して、
「き＝は■」 < 距離の比＝速さの比ってコト

・距離が等しいとき、「き＝は×じ」の「き」を隠すと、
「■は×じ」 < 速さの比と時間の比は逆ってコト

ヒトコト

少し強引だけど、「×」は「バツ」と見て〜。

比による解法はウォームアップに載せましたので、余裕がある人は読んでみてください。

ウォームアップ

　駅から家までの1本道を弟は駅から家に向かって歩いて、兄は家から駅に向かって走って同時に進み始めた。兄は20分走ったところで弟とすれ違い、それから更に8分走って駅に到着した。弟が兄とすれ違ったところから家に着くまでにかかった時間として、最も妥当なのはどれか。ただし、兄と弟はそれぞれ一定の速さで進んだものとする。

1．30分
2．35分
3．40分
4．45分
5．50分

公式による解法

1　進んだ距離をまとめよう

　2人がすれ違った点をPとします。弟は家からPまで20分歩きました。Pから家までは t 分歩いたとします。弟の歩く速さを x m/分、兄の走る速さを y m/分とすると、それぞれが進んだ距離は、図のようになります。

> ヒトコト
>
> 弟と兄は同時に進み始めたから、すれ違うまでにかかった時間は弟も20分だね。

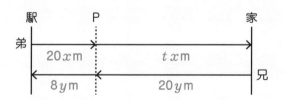

2　進んだ距離から方程式を作ろう

　駅からPまでの距離は弟と兄で等しいので、図1より、

$$20x = 8y \quad よって、5x - 2y = 0 \quad \cdots①$$

が成り立ちます。同様に、家からPまでの距離も2人で等

> 計算スルゾ
>
> $20x = 8y$ より、
> $20x - 8y = 0$
> 両辺を4で割って、
> $5x - 2y = 0$

しいので、

$$tx = 20y \quad よって、tx - 20y = 0 \quad \cdots ②$$

が成り立ちます。これより、①と②を連立して方程式を解きます。

①×10－②より、

$$50x - 20y = 0$$
$$-) \qquad tx - 20y = 0$$
$$\overline{\quad 50x - tx \qquad\ = 0\quad}$$

両辺を x で割って、$50 - t = 0$　よって、$t = 50$

よって、弟が兄とすれ違ったところから家に着くまでにかかった時間は 50 分で、正解は「5」となります。

比による解法

1 進んだ時間をまとめよう

公式による解法と同様に、2 人がすれ違った点を P、弟は P から家まで t 分歩いたとします。それぞれが進んだ時間をまとめると、図のようになります。

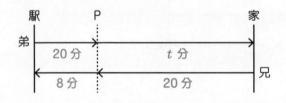

96

2 距離の比を考えよう

ここで、弟は一定の速さで進んだことから、駅からPまでと、Pから家までの距離の比は 20 : t となります。

兄も一定の速さで進んだので、駅からPまでと、Pから家までの距離の比は 8 : 20 = 2 : 5 となります。

2つの比より、次の式が成り立ちます。

$$20 : t = 2 : 5$$
$$2t = 100 \quad よって、t = 50$$

これより、弟が兄とすれ違ったところから家に着くまでにかかった時間は 50 分で、正解は「5」となります。

正解 5

ナンデ❓

速さが等しいとき、「距離の比＝時間の比」だったよね！ 2人が一定の速さで進んだところに注目しよう。

✓ ココをCHECK！

◆ 公式で解くときは、速さ，時間，距離の中で分からない値を x などの文字でおいて式を立てよう。

◆ 比で解くときは、速さ，時間，距離の中で同じ値をとるところを探そう。

トレーニング 1

A君は、はじめ全体の6分の1の距離を時速12kmで、残った距離の5分の3の距離を時速36kmで、最後に残った距離を時速18kmで移動した。このとき、全体を移動したときの平均の速さとして、最も妥当なのはどれか。

1．時速 21.0km
2．時速 21.4km
3．時速 21.6km
4．時速 21.8km
5．時速 22.0km

1 それぞれの距離と時間を求めよう

全体を移動したときの平均の速さは、「全体の距離÷全体にかかった時間」で求めましょう。

全体の距離を x km として、図のように、①〜③に分けてそれぞれの距離と時間を求めます。

> ヒトコト
>
> 平均の速さを（12 + 36 + 18）÷ 3 = 18 と考えないようにしよう！

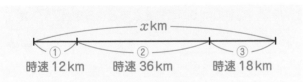

①→はじめは時速12kmで $\frac{1}{6} x$ km 移動したので、かかった時間は次のようになります。

$$\frac{1}{6} x \div 12 = \frac{1}{72} x \text{（時間）}$$

②→その後、残った距離の $\frac{3}{5}$ の距離を移動したので、距離と時間は次のようになります。

> ヒトコト
>
> ②の時点で残った距離は、
> $x - \frac{1}{6} x = \frac{5}{6} x$ (km)

$$距離 = \frac{5}{6}\,x \times \frac{3}{5} = \frac{1}{2}\,x \ (km)$$

$$時間 = \frac{1}{2}\,x \div 36 = \frac{1}{72}\,x \ （時間）$$

③→最後に移動した距離は、全体から①と②の距離を引けばよいですね。よって、次のようになります。

$$距離 = x - \left(\frac{1}{6}\,x + \frac{1}{2}\,x\right) = \frac{1}{3}\,x \ (km)$$

$$時間 = \frac{1}{3}\,x \div 18 = \frac{1}{54}\,x \ （時間）$$

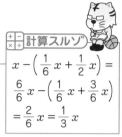

計算スルゾ

$x - \left(\frac{1}{6}\,x + \frac{1}{2}\,x\right) =$
$\frac{6}{6}\,x - \left(\frac{1}{6}\,x + \frac{3}{6}\,x\right)$
$= \frac{2}{6}\,x = \frac{1}{3}\,x$

2 平均の速さを求めよう

全体にかかった時間は、①～③を足して、

$$\frac{1}{72}\,x + \frac{1}{72}\,x + \frac{1}{54}\,x = \frac{5}{108}\,x \ （時間）$$

と求められます。これより、平均の速さは、

$$x \div \frac{5}{108}\,x = \frac{108}{5} = 21.6$$

より、時速21.6kmとなり、正解は「3」です。

計算スルゾ

$\frac{1}{72}\,x + \frac{1}{72}\,x + \frac{1}{54}\,x$
$= \frac{3}{216}\,x + \frac{3}{216}\,x +$
$\frac{4}{216}\,x = \frac{10}{216}\,x =$
$\frac{5}{108}\,x$

正解 3

 ココをCHECK！

◆「平均の速さ ＝ 全体の距離 ÷ 全体にかかった時間」で求めよう。

トレーニング 2

　　ある人がある道を往復した。行きは、1時間歩くごとに10分休みながら行ったところ、3時間16分かかった。帰りは、歩く速さを2割遅くし、50分間歩くごとに10分休みながら帰った。このとき、行きの時間と帰りの時間の差として、最も妥当なのはどれか。

1．1時間4分
2．1時間9分
3．1時間14分
4．1時間19分
5．1時間24分

1　行きの時間と距離を求めよう

　　行きにかかった時間は3時間16分とあります。しかし、帰りに関しては、速さを2割遅くしたというだけで、このままでは、かかった時間を求めることができませんね。

　　そこで、行きの条件から、帰りの時間を計算することにしましょう。

　　行きは、「1時間歩く＋10分休む」のサイクルですから、時間は次のようになります。

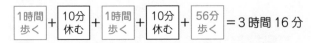

　　実際に歩いた時間は合計2時間56分（＝176分）ですね。これより、行きの歩く速さをxm/分とすると、距離は$176x$mになります。

休んでいる間は動いていないから、実際に歩いた時間で距離を計算するよ。

2　帰りの時間を求めよう

　　帰りの速さは行きを2割遅くして$0.8x$m/分、距離は行きと同じで$176x$mとなります。

行きの速さに対して80％の速さ、つまり0.8倍だね。

よって、実際に歩いた時間は、

$$176x \div 0.8x = 220$$

より、220 分となります。

　帰りは 50 分ごとに休みをとるので、$220 \div 50 = 4$ 余り 20 より、「50 分歩く + 10 分休む」のサイクルを 4 回と、20 分を 1 回歩いたことが分かります。これより、かかった時間は次のように計算できます。

$$\left[\boxed{\begin{array}{c}50分\\歩く\end{array}} + \boxed{\begin{array}{c}10分\\休む\end{array}} \right] \times 4 + \boxed{\begin{array}{c}20分\\歩く\end{array}} = 4 \text{ 時間 } 20 \text{ 分}$$

　よって、行きの時間と帰りの時間の差は、

$$4 \text{ 時間 } 20 \text{ 分 } - 3 \text{ 時間 } 16 \text{ 分 } = 1 \text{ 時間 } 4 \text{ 分}$$

となり、正解は「1」です。

正解 1

☑ **ココをCHECK！**

◆ かかった時間ではなく、実際に歩いた時間を使って計算しよう。

A，B，Cの3人が学校から駅までの所要時間を、同じ道路を使って異なる交通手段により比べた。バイクを使ったAは自転車を使ったBより時速5km速く走り、Bは徒歩のCより時速4km速く走り、AはBより5分早く、BはCより10分早く駅に着いた。このとき、学校から駅までの道のりとして、正しいのはどれか。ただし、3人の速度は一定で、途中で止まることはなかった。

1. 1km
2. 1.5km
3. 2km
4. 2.5km
5. 3km

1 速さと時間を文字で表そう

速さも所要時間も具体的な値がないので、文字を使って表すことにしましょう。

まず、速さについて、Cの速さを時速 x km とすると、BとAの速さは次のようになります。

B → 時速 $(x + 4)$ km　　A → 時速 $(x + 9)$ km

BはCより時速4km速く、AはBより時速5km速いから、AはCより時速9km速くなるね。

また、Cの所要時間を t 時間とすると、BはCより10分 $= \dfrac{1}{6}$ 時間早く、AはCより15分 $= \dfrac{1}{4}$ 時間早く駅に着いたので、それぞれの所要時間は、

B → $\left(t - \dfrac{1}{6} \right)$ 時間　　A → $\left(t - \dfrac{1}{4} \right)$ 時間

となりますね。

BはCより10分早く、AはBより5分早いから、AはCより15分早いってコトだね。単位は速さに合わせよう！

2 道のりを式にしよう

　A，B，Cについて、学校から駅までの道のりは等しいので、次の式が成り立ちます。

$$\underbrace{(x+9)\left(t-\frac{1}{4}\right)}_{A}=\underbrace{(x+4)\left(t-\frac{1}{6}\right)}_{B}=\underbrace{xt}_{C}$$

　これより、A＝C，B＝Cとして連立方程式を解きます。

A＝Cより、
$$(x+9)\left(t-\frac{1}{4}\right)=xt \qquad -x+36t=9 \cdots ①$$

B＝Cより、
$$(x+4)\left(t-\frac{1}{6}\right)=xt \qquad -x+24t=4 \cdots ②$$

①－②より、$12t=5$　よって、$t=\dfrac{5}{12}$

①に代入して、$-x+15=9$　よって、$x=6$

　よって、Cは学校から家まで時速6kmで$\dfrac{5}{12}$時間かかったとわかるので、道のりは、

$$6 \times \frac{5}{12} = \frac{5}{2} = 2.5$$

より、2.5km となり、正解は「4」です。

正解 4

計算スルゾ

$$(x+9)\left(t-\frac{1}{4}\right)=xt$$

$$xt-\frac{1}{4}x+9t-\frac{9}{4}=xt$$

$$-\frac{1}{4}x+9t=\frac{9}{4}$$

両辺を4倍して
$$-x+36t=9 \cdots ①$$

$$(x+4)\left(t-\frac{1}{6}\right)=xt$$

$$xt-\frac{1}{6}x+4t-\frac{2}{3}=xt$$

$$-\frac{1}{6}x+4t=\frac{2}{3}$$

両辺を6倍して
$$-x+24t=4 \cdots ②$$

✓ ココをCHECK！

◆ 3人の道のりが等しいことから、連立方程式を作ろう。
◆ 単位を合わせるのを忘れずに！

　Ａさんが、駅に行くためにバス停でバスＢを待っていたが、定刻を過ぎても
バスＢが来ないので、定刻の5分後に分速80mで駅に向かって歩き出した。
歩き始めてから5分後に、駅の手前500mのところで遅れてきたバスＢに抜
かれ、その後も歩き続けたところ、バスＢより5分遅れて駅に着いた。このとき、
ＡさんがバスＢの定刻の駅到着時刻より遅れた時間として、最も妥当なのはど
れか。ただし、ＡさんとバスＢはそれぞれ一定の速さで進み、バス停における
待ち時間は考えないものとする。

1.　11分
2.　12分
3.　13分
4.　14分
5.　15分

1　分かることを図に表そう

　ＡさんがバスＢに抜かれた地点をＰとします。図1のよ
うに、Ａさんのバス停からＰまでを①、Ｐから駅までを②、
バスＢのバス停からＰまでを③、Ｐから駅までを④としま
す。

　①について、Ａさんは分速80mで5分歩いたので、①
の距離は $80 \times 5 = 400$（m）となりますね。また、Ｐは
駅の手前500mのところなので、②の距離は500mです。

超ゴチャゴチャした文
だけど、①〜④で分か
ることを1つひとつ
確認していけば答えに
辿り着けるから諦めな
いで！

図1

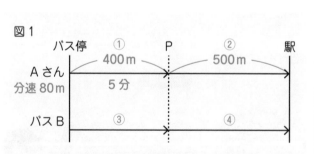

　②について、Ａさんは分速80mで500mを歩いたので、
②の時間は、

$$500 \div 80 = \frac{500}{8} = \frac{25}{4} \text{（分）}$$

となり、バスがPから駅までかかった時間はこれより5分短いので、④の時間は、$\frac{25}{4} - 5 = \frac{25}{4} - \frac{20}{4} = \frac{5}{4}$（分）と分かります（図2）。

図2

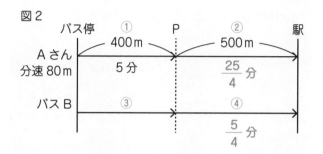

さらに、④について、バスは500mを$\frac{5}{4}$分かかったので、バスの速さは、

$$500 \div \frac{5}{4} = 400$$

より、400m/分となります。

これより、③にかかった時間は、$400 \div 400 = 1$（分）ですね（図3）。

図3

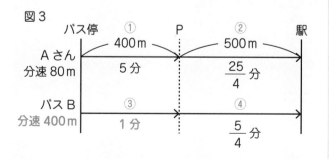

ヒトコト

①～④まで、すべての時間が求められたね。ゴール（答え）は近いよ！

　図3より、バスBがバス停から駅までかかった時間は、

$$1 + \frac{5}{4} = \frac{9}{4}（分）$$

で、バスBの定刻の駅到着時刻は、バス停の定刻から$\frac{9}{4}$分後となります。また、Aさんがバス B のバス停の定刻から駅到着までにかかった時間は、Aさんはバス停の定刻から5分後に歩き出したことから、

$$\underline{5} + 5 + \frac{25}{4} = \frac{65}{4}（分）$$

この5分を忘れないように！

となります。

　よって、Aさんがバス B の定刻の駅到着時刻より遅れた時間は、

$$\frac{65}{4} - \frac{9}{4} = \frac{56}{4} = 14$$

より、14分となり、正解は「4」です。

正解 4

ココをCHECK！

◆　公式を使って、分かるところをどんどん計算していこう。

「速さその2」では、流水算、旅人算、通過算、時計算といった特殊な問題を扱います。特殊といっても基本は「き・は・じ」の公式ですから、パターンを覚えれば大丈夫です。

頻出度
警察 ★★★★★
消防 ★★★★★

キソ知識 1 流水算

船などが川を上ったり下ったりする問題を流水算といいます。川の流れによって変わる上りと下りの速さに注意しましょう。上りは、船が川の流れに逆らって進むので、流速（川の流れの速さ）の分だけ静水時の速さより遅くなり、下りは川の流れに沿って進むので、流速の分だけ速くなります。公式に表すと次のようになります。

「静水時の速さ」とは川の流れがないときの速さ、つまり船自体の速さのことだよ。

・上りの速さ ＝ 静水時の速さ － 流速
・下りの速さ ＝ 静水時の速さ ＋ 流速

これを速さの公式にあてはめて、次のように解きます。

上りは流速の分だけスピードダウン、下りはスピードアップだね！

> **例**
>
> 上流と下流で18km離れた2地点を船が往復すると、何時間何分かかるか。ただし、船の静水時の速さは時速10km、川の流速は時速2kmとする。

上りの速さ＝ 10 － 2 ＝ 8（km/時）、下りの速さ ＝ 10 ＋ 2 ＝ 12（km/時）ですから、

$$上りにかかる時間 ＝ 18 ÷ 8 ＝ \frac{9}{4}（時間）＝ 2時間15分$$

$$下りにかかる時間 ＝ 18 ÷ 12 ＝ \frac{3}{2}（時間）＝ 1時間30分$$

と分かり、2時間15分 ＋ 1時間30分 ＝ 3時間45分となります。

計算スルゾ

$\frac{9}{4}$ 時間 ＝ $2\frac{1}{4}$ 時間
＝ 2時間15分

$\frac{3}{2}$ 時間 ＝ $1\frac{1}{2}$ 時間
＝ 1時間30分

キソ知識 2 旅人算

2人が向かい合って進んで出会うまで（出会い算）と、追いかけて追いつくまで（追いかけ算）をまとめて旅人算といいます。どちらの場合も、2人の速さをまとめて考えるのがポイントです。

例

AとBは900m離れた地点にいる。

① Aが分速100mで、Bが分速80mで向かい合って同時に歩き始めると、2人が出会うのは何分後か。

② Aが分速100mで、分速80mで歩くBを追いかけると、追いつくのは何分後か。

---

①が出会い算です。1分間でAは100m、Bは80m歩み寄るので、2人の距離は 1分間に180m 縮みますね（図1）。

図1

ヒトコト

2人の速さを足せばOK！ 2人合わせて分速180mって感じだね。

よって、900mの距離を縮めるのにかかる時間は、900 ÷ 180 = 5（分）で、2人が出会うのは歩き始めてから5分後となります。

②は追いかけ算です。①と同様に1分間で考えると、Aが100m追いかけてもBが80m逃げていくので、2人の距離は 1分間に20m しか縮みません（図2）。

図2

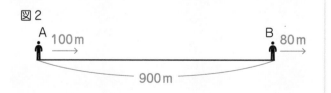

ヒトコト

今度は2人の速さを引けばOK！

よって、900ｍの距離を縮めるのにかかる時間は、900 ÷ 20 ＝ 45（分）で、ＡがＢに追いつくのは 45 分後となります。

ここまでを公式としてまとめると、次のようになります。

・出会い算（向かい合って出会うまで）
（2 人の間の距離）＝
（2 人の速さの和）×（出会うまでにかかる時間）

・追いかけ算（追いかけて追いつくまで）
（2 人の間の距離）＝
（2 人の速さの差）×（追いつくまでにかかる時間）

この公式は、「同時に出発して出会う（または追いつく）まで」のように、2 人が同じ時間を進んだときに使えるよ。

キソ知識 3 通過算

電車の長さが関わる問題を通過算といいます。電車の長さを距離に含めてを考える必要があります。

> ### 例
>
> 長さ 80ｍの列車が一定の速さで走っている。この列車が長さ 640ｍのトンネルを通過するのに 24 秒かかった。この列車の速さは時速何 km か。

「トンネルを通過する」とは、列車の先頭がトンネルに入った瞬間から最後尾が出る瞬間までをいいます。

これを図のように表して、例えば列車の先頭に注目すると、列車がトンネルを通過するのに走った距離は 640 ＋ 80 ＝ 720（ｍ）だと分かります。

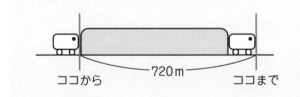

ココから　　　720ｍ　　　ココまで

列車の目で進行方向を表すよ。

→ 進行方向

720m の距離を走るのに 24 秒かかったので、この列車の速さは、720 ÷ 24 = 30（m/秒）= <u>108（km/時）</u>となります。

キソ知識 **4 時計算**

　時計の短針と長針の問題を時計算といいます。短針と長針が回った角度を距離と考えて、速さの問題と同様に解きます。

　速さについては次のように考えます。

　短針は 12 時間で 1 周、すなわち 360° 回るので、1 時間で回る角度は 30°（= 360 ÷ 12）ですね。さらに、1 分間で回る角度は 0.5°、つまり、分速 0.5° といえます。

　長針は 1 時間で 360° 回ります。1 分間で回る角度は 6°（= 360 ÷ 60）となり、分速 6° といえます。

ヒトコト

60 分で 30° 回るから、1 分間では 30 ÷ 60 = 0.5° 回るね。

　例えば、3:00 から 3:45 までの間にそれぞれの針が回った角度を求めると、

　短針　0.5 × 45 = 22.5°　　　長針　6 × 45 = 270°

となり、図に表すと次のようになります。

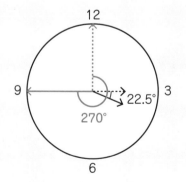

ポイント

短針→分速 0.5°
長針→分速 6°
この 2 つは覚えよう！

　　川の下流と上流にあるＡ地点とＢ地点の間は 8.4km 離れており、その間を、1 隻の船が往復している。この船は、ＡからＢまで進むのに 48 分かかり、ＢからＡまで進むには 42 分かかる。ある日、ＡからＢに向かって進んでいると、途中でエンジンが故障した。しばらくすると、エンジンが動き出して再びＢに向かって動きだした。このため、この日ＡからＢまで移動するのにかかった時間は 63 分であった。川の流れの速さ及び船の静水時の速さがともに一定であるとすると、エンジンが故障して再び動き出すまでに流された距離として、最も妥当なのはどれか。

1. 150m
2. 175m
3. 200m
4. 225m
5. 250m

1　静水時の速さと川の速さを求めよう

　　Ａ，Ｂ地点間の距離は 8.4km（= 8400m）で、上りに 48 分、下りに 42 分かかるので、静水時の速さを x m/分、川の流速を y m/分とすると、上りと下りで次の式が成り立ちます。

選択肢の単位が「m」だから、それに合わせよう。

　　上り → $(x - y) \times 48 = 8400$
　　　　　両辺を 48 で割って、$x - y = 175$　…①

　　下り → $(x + y) \times 42 = 8400$
　　　　　両辺を 42 で割って、$x + y = 200$　…②

　　①，②を解いて、$x = 187.5$，$y = 12.5$ となります。
速さについてまとめると、次のようになります。

・静水時の速さ ⇒ 187.5m/分、川の流速 ⇒ 12.5m/分
・上りの速さ ⇒ 187.5 − 12.5 = 175（m/分）
・下りの速さ ⇒ 187.5 + 12.5 = 200（m/分）

計算スルゾ
① + ②より、
$2x = 375$
よって、$x = 187.5$
これを②に代入して、
$187.5 + y = 200$
よって、$y = 12.5$

2 流された距離を求めよう

次に、ある日について考えましょう。この日の船の動きを図のように表します。エンジンが故障した地点から再び動くまでに流された距離を z m とすると、この距離を往復する分だけ時間のロスがあることが分かります。

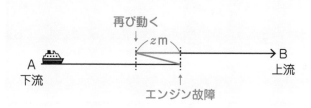

本来は A から B まで48 分かかるんだもんね。

流されたときは川の流速（12.5 m/分）、エンジンが動いてからは上りの速さ（175 m/分）で進み、ロスタイムは $\underline{63 - 48 = 15 \text{分}}$ ですね。これを式にすると、次のようになります。

計算スルゾ

両辺を 175 倍して、
$14z + z = 2625$
$15z = 2625$
よって、$z = 175$

$$\frac{z}{12.5} + \frac{z}{175} = 15 \quad \text{これを解いて、} z = 175$$

よって、流された距離は 175 m で、正解は「2」となります。

正解 2

☑ココをCHECK！

◆ 流水算は速さに注意しよう。
　上りの速さ ＝ 静水時の速さ － 流速
　下りの速さ ＝ 静水時の速さ ＋ 流速
◆ エンジンが故障して流されたときは、流速で進むのを忘れずに！

流れの速さが毎分 36m の川がある。この川の上流のA地点と下流のB地点との間を船が往復するのに 50 分かかった。この船が進む速さは、静水では時速 10.8km であるとすると、A地点とB地点の間の距離として、最も妥当なのはどれか。

1. 4,200m
2. 4,260m
3. 4,320m
4. 4,380m
5. 4,440m

1 上りと下りの速さを求めよう

A地点とB地点の間の距離を求めるのに往復の時間は分かっているので、上りと下りの速さが必要ですね。

まず、静水での船の速さを分速に直すと、

時速 10.8km ＝ 分速 $(10.8 \times 1000 \div 60)$ m ＝ 分速 180m

となりますね。上りの速さはここから流速を引いて、分速 144m、下りの速さは流速を足して分速 216m と分かります。

2 2地点の距離を求めよう

A地点とB地点の間の距離を x m とすると、2地点の往復に 50 分かかったことから、次の式が成り立ちます。

$$\frac{x}{144} + \frac{x}{216} = 50 \quad これを解いて、x = 4320$$

ポイント

往復にかかった「50分」や選択肢の単位「m」に合わせて、「分速○m」に直そう。
「km → m」は × 1000、
「時速→分速」は ÷ 60 で計算！

計算スルゾ

上り
$180 - 36 = 144$
下り
$180 + 36 = 216$

計算スルゾ

両辺を 432 倍して、
$3x + 2x = 21600$
$5x = 21600$
よって、$x = 4320$

　これより、Ａ地点とＢ地点の間の距離は4320ｍで、
正解は「3」です。

正解 3

☑ココをCHECK！

◆ 2つの速さで単位が違うときは、他の条件や選択肢を見て単位を
　合わせよう。

トレーニング 2

1.2km 離れた直線ＸＹ間を、ＡはＸ地点、ＢはＹ地点を同時に出発して、Ａは毎分80mで、Ｂは毎分100mで往復した。出発してから2人が2度目にすれ違った地点として、最も妥当なのはどれか。

1．Ｘ地点から200m
2．Ｘ地点から400m
3．Ｘ地点から600m
4．Ｙ地点から200m
5．Ｙ地点から400m

1 2人の様子を確かめよう

ＡとＢが最初にすれ違った地点をＰとすると、それぞれがＰまで進んだ様子は図1のようになります。

図1

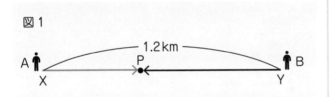

そして、2度目にすれ違った地点をＱとすると、2人がＱまで進んだ様子は図2のようになりますね。

図2

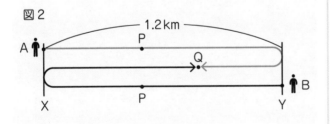

2 2度目にすれ違った地点を求めよう

図2より、AとBがQですれ違ったとき、2人の進んだ距離の合計は 1.2 × 3 = 3.6（km）となるので、3.6km（= 3600m）離れたAとBによる出会い算と考えることができます。

よって、2人が2度目にすれ違うまでに進んだ時間は、

$$3600 ÷ (80 + 100) = 20$$

より、20分となります。

20分間でAが進んだ距離は、80 × 20 = 1600（m）で、この地点はY地点から折り返して 400m となりますね。

これより、2人が2度目にすれ違った地点はY地点から 400m で、正解は「5」となります。

正解 5

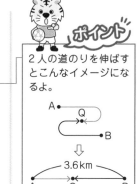

2人の道のりを伸ばすとこんなイメージになるよ。

Xから Yまで 1.2km（= 1200m）だからね。

☑ ココをCHECK！

◆ 出会い算（向かい合って出会うまで）をしっかりマスターしよう。
（2人の距離）=（2人の速さの和）×（出会うまでにかかる時間）
◆ 2度目にすれ違うまでの様子を描いてみると、出会い算とみることができるね。2人が進んだ距離の合計が、2人の間の距離になるんだ。

トレーニング **3**

　　兄と弟はA町を出発して5km離れたB町に着いたら、すぐにA町に引き返す。兄は弟より18分遅れてA町を出発し、3.6km進んだところで弟を追い越した。その後、兄がB町到着後に引き返してA町に戻ったとき、弟はA町の手前1.6kmのところにいた。このとき、兄が弟を追い越したのは兄が出発して何分後か。ただし、兄と弟の速度は一定であるものとする。

1．18分後
2．36分後
3．54分後
4．72分後
5．90分後

---

1 兄が追い越すまでを考えよう

　　兄と弟の進む速さをそれぞれ x m/分、y m/分とし、兄が弟を追い越すまでを考えます。

　　まず弟がA町から18分進み、$18y$ m進んだところで兄が出発しますね（図1）。

　　よって、$18y$ m先に弟がいて、y m/分で進む弟を x m/分の兄が追いかける追いかけ算だと考えましょう。

図1

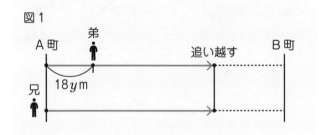

　　兄が出発してから t 分後に弟を追い越したとすると、次の式が成り立ちます。

$$18y = (x - y)t \quad \cdots ①$$

x, y, t と3つの文字が出てきてイヤな感じがするけど、諦めないで進もう！

2 兄が追い越してからを考えよう

次に、兄が弟を追い越してから A 町に戻るまでを考えます（図2）。兄が進んだ距離は 6.4km ＝ 6400m、弟が進んだ距離は、兄より 1.6km 少ないので、4.8km ＝ 4800m と分かります。

図2

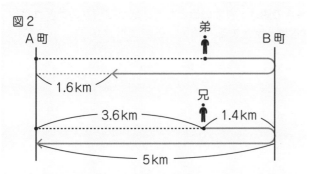

ここにかかった時間は、兄は $\dfrac{6400}{x}$ 分、弟は $\dfrac{4800}{y}$ 分となり、この時間は等しいので次の式が成り立ちます。

$$\frac{6400}{x} = \frac{4800}{y} \quad \text{これより、} \quad x = \frac{4}{3}\,y \quad \cdots ②$$

計算スルゾ

両辺に xy を掛けて、
$6400y = 4800x$
両辺を 100 で割って、
$64y = 48x$
よって、
$x = \dfrac{64}{48}\,y = \dfrac{4}{3}\,y$

これより、②を①に代入して、t の値を求めます。

$$18y = \left(\frac{4}{3}\,y - y \right) t \quad \text{これより、} \quad t = 54$$

計算スルゾ

$18y = \dfrac{1}{3}\,yt$
両辺を y で割って、
$18 = \dfrac{1}{3}\,t$
両辺を 3 倍して、
$t = 54$

よって、兄が弟を追い越したのは兄が出発して 54 分後で、正解は「3」です。

正解 3

✓ココをCHECK！

◆ 兄が弟を追い越すところまでは追いかけ算で考えよう。
◆ 追い越した後は、2 人が同じ時間を走ったところに注目しよう！

　列車Ａがあるトンネルを通過すると、先頭がトンネルに入り始めてから最後尾がトンネルに入り終わるまで２秒かかり、その 12 秒後に最後尾がトンネルから出たところであった。列車Ｂが同じトンネルを通過すると、先頭がトンネルに入り始めてから最後尾がトンネルに入り終わるまで６秒かかり、その 12 秒後に先頭がトンネルの出口にちょうどさしかかったところだった。列車Ｂの速さ・長さに対する列車Ａの速さ・長さの値として、最も妥当なのはどれか。ただし、列車Ａ・Ｂの速度は一定とする。

　　　　速さ　　　　長さ

1. $\dfrac{3}{2}$ 倍　　$\dfrac{1}{2}$ 倍

2. $\dfrac{3}{2}$ 倍　　$\dfrac{2}{3}$ 倍

3. 2 倍　　$\dfrac{1}{2}$ 倍

4. 2 倍　　$\dfrac{2}{3}$ 倍

5. 2 倍　　$\dfrac{1}{3}$ 倍

1　列車Ａについて考えよう

　列車Ａの様子を図１のように表し、列車Ａの先頭が進む距離をＰ，Ｑと表します。

図1

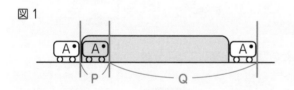

　Ｐは列車Ａの長さで、ここを進むのに２秒かかります。また、Ｑはトンネルの長さと等しく、ここを進むのに 12 秒かかったことが分かります。

　よって、列車Ａの速さを a m/ 秒とすると、速さの公式から、

$$列車Aの長さ＝2am \quad \cdots ①$$
$$トンネルの長さ＝12am \quad \cdots ②$$

と分かります。

2 列車Bについて考えよう

同様に、列車Bについても図2のように表します。

図2

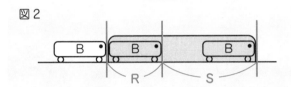

Rは列車Bの長さで、ここを進むのに6秒かかります。また、RとSの和がトンネルの長さと等しいので、ここを進むのに18秒（＝6＋12）かかります。

よって、列車Bの速さをbm/秒とすると、速さの公式から、

$$列車Bの長さ＝6bm \quad \cdots ③$$
$$トンネルの長さ＝18bm \quad \cdots ④$$

となります。

3 列車の速さと長さについて考えよう

②，④はどちらもトンネルの長さなので、②＝④より、

$$12a = 18b \quad よって、a = \frac{18}{12}b = \frac{3}{2}b \quad \cdots ⑤$$

となり、列車Aの速さは列車Bの$\frac{3}{2}$倍です。

また、列車の長さについては、⑤を①に代入すると、

$$列車Aの長さ = 2a = 2 \times \frac{3}{2}b = 3b \text{ (m)}$$

となり、③より列車Bの長さは6bmなので、列車Aの長さは列車Bの$\frac{3}{6} = \frac{1}{2}$倍ですね。

これより、<u>列車Bの速さ・長さに対する列車Aの速さ・長さの値</u>は、それぞれ$\frac{3}{2}$倍，$\frac{1}{2}$倍で、正解は「1」です。

簡単にいうと、「AはBの何倍か?」ってこと。

正解 1

☑ココをCHECK！

◆ 通過算は電車の長さの存在を忘れずに！
◆ 列車の先頭がどこからどこまで進んだ距離なのか、図を描いて確かめよう。

難易度 | ★ ★ ☆

2015年 警視庁Ⅰ類

　長さ180m，時速46.8kmで進行する貨物列車が、反対方向から来た時速90kmの急行列車とすれ違った。先頭どうしがすれ違う瞬間から最後尾どうしがすれ違う瞬間までに要した時間が10秒であったとき、この2つの列車が同方向に走行した場合、貨物列車の最後尾に急行列車の先頭が追いついた瞬間から、急行列車の最後尾が貨物列車の先頭を抜き去る瞬間までの時間として、最も妥当なのはどれか。

1．約20秒
2．約23秒
3．約26秒
4．約29秒
5．約32秒

1 単位をそろえよう

　まず、貨物列車と急行列車の速さの単位を時速から秒速に直します。

ポイント

選択肢の単位に合わせて、速さを秒速にしよう。

・貨物列車の速さ

$$46.8\text{km/時} = \frac{46.8 \times 1000}{60 \times 60}\text{m/秒} = 13\text{m/秒}$$

・急行列車の速さ

$$90\text{km/時} = \frac{90 \times 1000}{60 \times 60}\text{m/秒} = 25\text{m/秒}$$

2 すれ違ったときを考えよう

　この問題は列車同士がすれ違ったり追い抜いたりしている、通過算と旅人算のコラボ問題です。はじめに、列車がすれ違うとき（出会い算）をみてみましょう（図1）。

ヒトコト

定番の問題だから、解き方をマスターしてね。

図1

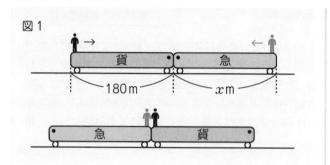

ヒトコト

上図→先頭どうしがす
れ違う瞬間
下図→最後尾どうしが
すれ違う瞬間

急行列車の長さを x m とします。図1の貨物列車と急行列車の最後尾にいる人に注目すると、列車の先頭どうしがすれ違う瞬間は（$180 + x$）m 離れていて、最後尾同士がすれ違う瞬間に出会う、出会い算と考えることができます。これより、出会い算の公式から次の式が成り立ちます。

$$180 + x = (13 + 25) \times 10$$

よって、$x = 200$ となり、急行列車の長さは 200 m と分かります。

計算スルゾ

$180 + x = 38 \times 10$
$180 + x = 380$
よって、$x = 200$

3 追い抜くときを考えよう

次に、急行列車が貨物列車を追い抜くとき（追いかけ算）をみてみましょう（図2）。

図2

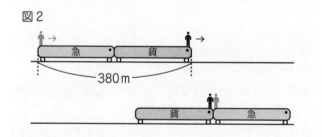

ヒトコト

上図→急行列車が追い
ついた瞬間
下図→急行列車が抜き
去る瞬間

貨物列車の先頭と急行列車の最後尾にいる人に注目すると、急行列車の先頭が追い付いた瞬間は 380（= 180 + 200）m 離れていて、急行列車を抜き去る瞬間に追いつく、

ポイント

出会い算も追いかけ算
も、列車の端にいる人
に注目しよう！

追いかけ算と考えることができます。

　急行列車が追いついた瞬間から抜き去る瞬間までの時間を t 秒とすると、追いかけ算の公式から次の式が成り立ちます。

$$380 = (25 - 13)\,t$$

計算スルゾ
380 = 12t
よって、t = 31.6…

　これより、t = 31.6…となり、急行列車が貨物列車を抜き去る時間は約32秒で、正解は「5」となります。

正解 5

☑ ココをCHECK！

◆ 通過算と旅人算のコラボ問題は、列車の端にいる人に注目しよう。
　端の2人の出会い算、または追いかけ算と考えればOK！

トレーニング **6**

いま、時計の短針と長針が2時と3時の間で重なったばかりであるとすると、次に重なるまでにかかる時間として、最も妥当なのはどれか。

1．約1時間5分7秒
2．約1時間5分27秒
3．約1時間5分47秒
4．約1時間6分7秒
5．約1時間6分27秒

1 短針と長針の様子を図で表そう

時計の短針と長針が2時と3時の間で重なった後、次に重なるのは3時と4時の間です。それまでにx分かかるとすると、この間に短針は$0.5x°$、長針は$6x°$回ります。その様子を表すと図のようになります。

ポイント

選択肢から1時間5分強だと分かるから、短針は30°強、長針は1周＋30°強回ったんだね。図はそれっぽく描けばOK！

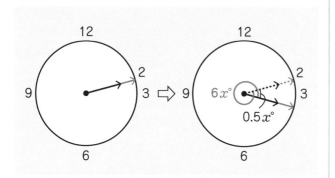

2 針が回った角度を式にしよう

図より、長針は短針より1周（＝360°）多く回っていますね。これを式にすると次のようになります。

$$6x = 0.5x + 360$$

これを解いて、$x = 65\dfrac{5}{11}$（分）となります。

計算スルゾ

$5.5x = 360$
両辺を2倍して、
$11x = 720$
よって、
$x = \dfrac{720}{11} = 65\dfrac{5}{11}$分

65 分 = 1 時間 5 分、$\dfrac{5}{11}$ 分 = $\dfrac{300}{11}$ 秒 = 27 $\dfrac{3}{11}$ 秒

ですから、時計の短針と長針が次に重なるまでにかかる時間は約 1 時間 5 分 27 秒で、正解は「2」です。

正解 2

ヒトコト

時計算は、ほとんどの答えが $\dfrac{300}{11}$ 秒のように、分子が大きくて約分できない形になるよ。この問題は選択肢に「約」があるから、一番近いのを選べば OK だね！

☑ ココをCHECK！

◆ 時計算は短針と長針の速さを覚えよう。

　短針 → 分速 0.5°　　長針 → 分速 6°

◆ 短針と長針がどのように回ったのか、図で確かめよう。

8時 x 分の長針と短針の位置が、12時 y 分で入れ替わるとき、x はいくらか。

1. $\dfrac{7}{2}$

2. $\dfrac{47}{13}$

3. $\dfrac{49}{13}$

4. $\dfrac{460}{143}$

5. $\dfrac{480}{143}$

---

1 8時 x 分の針の角度を確認しよう

針の位置が入れ替わるとき、8時 x 分の長針は、12時 y 分の短針の位置、つまり12〜1時の間（8時00〜05分）になります。

8時ちょうどの時点で、長針と短針のなす角は 240° です。ここから x 分たつと、図1のように、長針は $6x°$、短針は $0.5x°$ 回ります。

ナンデ

$360° \times \dfrac{8}{12} = 240°$

ポイント

8時ちょうどを基準として、x 分たったときに針がどれだけ回るかを考えよう。

図1

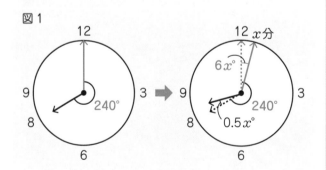

---

2 12時 y 分の針の角度を確認しよう

針の位置が入れ替わるとき、12時 y 分の長針は、8時 x 分の短針の位置、つまり8〜9時の間（12時40〜45

分）になります。

　12時ちょうどの時点で、長針と短針は重なっています
ね。ここからy分たつと、図2のように、長針は$6y°$、
短針は$0.5y°$回ります。

こちらも同様に、12時
ちょうどを基準として
考えよう！

図2

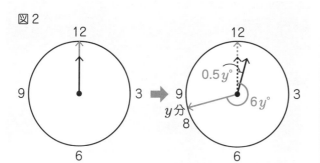

3　条件を式にしよう

　図1と図2で長針と短針の位置が入れ替わったので、
次の式が成り立ちます。

$$\begin{cases} 6x = 0.5y & \cdots① \\ 240 + 0.5x = 6y & \cdots② \end{cases}$$

これを解いて、$x = \dfrac{480}{143}$ となり、正解は「5」です。

正解 5

　計算スルゾ

①、②ともに両辺を2
倍して、

$\begin{cases} y=12x & \cdots①' \\ 480+x=12y & \cdots②' \end{cases}$

①'を②'に代入して、
$480 + x = 12 \times 12x$
$480 + x = 144x$
$-143x = -480$
よって、$x = \dfrac{480}{143}$

✓ ココをCHECK！

◆ 8時x分は8時からどれだけ針が回ったか、12時y分は12時
からどれだけ針が回ったか、図を描いて確かめよう。

場合の数

いわゆる「〜通り」の計算です。いろいろなパターンがあるので、トレーニング問題で解き方を覚えましょう。次の章の確率とペアで勉強するといいですね。

頻出度
警察 ★★★★☆
消防 ★★★★★

キソ知識 1 和の法則と積の法則

　例えば、あるレストランで、サイドメニューが3種類とドリンクが2種類あったとします。サイドメニューまたはドリンクから1種類選ぶとすると、その選び方は、サイドメニューが3通りとドリンクが2通りで、合わせて5通りになりますね。

　このように、「Aまたは（or）B」の場合はそれぞれの場合の数を足します。これを「和の法則」といいます。

　ただし、「サイドメニューにもドリンクメニューにもオレンジジュースがある！」となると、選び方が重複してしまいます。ですから、和の法則が使えるのは、AとBが同時に起こらないときに限ります。

　では、サイドメニューとドリンクから1種類ずつ選ぶとすると、選び方は何通りでしょう？

　サイドメニューの3通りに対してドリンクがそれぞれ2通りあるので、サイドメニューかつドリンクを1種類ずつ選ぶ方法は 3 × 2 ＝ 6（通り）となります。

　このように、「Aかつ（and）B」の場合の数はそれぞれの場合の数を掛けます。これを「積の法則」といいます。

図に表すとこうなるよ。
サイド① ─ ドリンク①
　　　　　 ドリンク②
サイド② ─ ドリンク①
　　　　　 ドリンク②
サイド③ ─ ドリンク①
　　　　　 ドリンク②
このような図を樹形図というよ。木が枝分かれしたイメージの図だね。

　　　Aが a 通り、Bが b 通り起こるとき
　　　・和の法則
　　　　Aまたは（or）Bが起こる→$a + b$（通り）
　　　　（ただし、AとBは同時に起こらない）

　　　・積の法則
　　　　Aかつ（and）Bが起こる→$a × b$（通り）

キソ知識 2 順列と組合せ

例1

A，B，C，Dの4人のうち3人を横1列に並べる並べ方は何通りあるか。

並べる3人を、左から順に考えましょう。左端の選び方はA〜Dの4通りです。中央は左端以外の3人から選んで3通り、右端は残りの2人から選んで2通りとなり、4×3×2＝24（通り）となります。

このように、順序を考えて並べる並べ方を順列といい、次のように計算します。

4人から3人並べる

$$_4P_3 = 4 \times 3 \times 2 = 24$$

4スタートで（1ずつ数を減らして）
3個掛ける

このほか、位置を考えた並べ方や、役割を決めて選ぶときなどもPで計算します。

例2

A，B，C，Dの4人全員を横1列に並べる並べ方は何通りあるか。

同様に考えると、4人のうち4人を1列に並べるので、

4人から4人並べる

$$_4P_4 = 4 \times 3 \times 2 \times 1 = 24$$

4スタートで（1ずつ数を減らして）
4個掛ける

となり、4人全員を1列に並べる並べ方は、24通りとな

選べる人数が4人，3人，2人と、1人ずつ減っていくね。

このように樹形図で求めることもできるけど、計算した方が早いよね。

ります。この「4人全員」のように、Ｐの左右の数が同じ
場合は、次のように表し、これを「4の階乗」といいます。

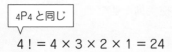
$_4$P$_4$ と同じ
$$4! = 4 \times 3 \times 2 \times 1 = 24$$

例3

A，B，C，Dの4人のうち3人を選ぶ組合せは何
通りあるか。

例1と似ていますが、この問題は、**選ぶ順序は関係ナシ**
ですね。例えば、A，B，Dの3人を選ぶのと、A，D，
BやD，B，Aを選ぶのは同じことです。つまり、A，B，
Dと同じ組合せになる3人の並べ方が3！＝3×2×1
＝6通りできます。他の組合せについても、同じように3！
通りの組合せができるので、$_4$P$_3$ を3！で割る必要があり
ますね。

このように、**ただ選んで組合せを考える**場合には、次の
ようにＣで計算します。

4人から3人選ぶ
$$_4C_3 = \frac{_4P_3}{3!} = \frac{4 \times 3 \times 2}{3 \times 2 \times 1} = 4$$

ここまでをまとめておきましょう。

・4人から3人を並べる
（順序や位置、役割がある場合など）
$_4$P$_3$ ＝ 4 × 3 × 2 ＝ 24（通り）

・4人全員を並べる（Ｐの左右の数が同じ場合）
4！＝ 4 × 3 × 2 × 1 ＝ 24（通り）

・4人のうち3人を選ぶ組合せ（ただ選ぶだけ）
$$_4C_3 = \frac{_4P_3}{3!} = \frac{4 \times 3 \times 2}{3 \times 2 \times 1} = 4 \text{（通り）}$$

2017年　警視庁Ⅰ類

　箱の中にみかんが3個、りんごが3個、なしが1個、柿が2個ある。この中から同時に3個取り出すとき、取り出し方の場合の数として、最も妥当なのはどれか。ただし、同じ種類のくだものを取ってもよいこととする。

1．14通り
2．15通り
3．16通り
4．17通り
5．18通り

1　3個の数の内訳を考えよう

　3個の数の内訳は、1種類で3個、2種類で2個と1個、3種類で1個ずつの3パターンがありますね。パターンごとに場合の数を求めていきます。

2　パターンごとに場合の数を求めよう

・1種類で3個の場合

　3個あるのはみかんとりんごの2種類ですから、取り出し方はその2通りです。

なしは1個しかないからね！

・2種類で2個と1個の場合

　2個の方は、なし以外の3種類から選び、1個の方は残りの3種類から選びます。

　よって、取り出し方は3×3＝9（通り）です。

樹形図で確認すると下のようになるよ。

```
  2個        1個
みかん ┬ りんご
      ├ なし
      └ 柿
りんご ┬ みかん
      ├ なし
      └ 柿
  柿  ┬ みかん
      ├ りんご
      └ なし
```

・3種類で1個ずつの場合

　4種類の中から3種類を選ぶ組合せで、取り出し方は
$_4C_3 = \dfrac{4 \times 3 \times 2}{3 \times 2 \times 1} = 4$（通り）です。

　これより、取り出し方の場合の数は、2＋9＋4＝15（通り）で、正解は「2」となります。

別解

　種類によって数が違い、数え間違いが心配なときは、次のようにすべての場合を樹形図に書き出すのもよいでしょう。

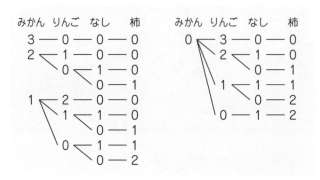

　これより、取り出し方の場合の数は 15 通りで正解は「2」となります。

正解 2

それぞれの数が大きい順（または小さい順）に書くと決めておくとミスが防げるよ。
なしは 1 個、柿は 2 個しかないから気を付けてね。

✅ ココをCHECK！

◆ 取り出す数の内訳パターンを考えよう。

◆ 見落としや重複ミスが心配だったら、樹形図を描くのも OK！

トレーニング **1**

次の図のような正四面体がある。点Pは
はじめ頂点Aにあり、1秒ごとに他の3つ
の頂点のうちの1つに移動する。

たとえば、2秒後に点Pが頂点Aにある
ような動き方はＡＢＡ　ＡＣＡ　ＡＤＡの
3通りある。

5秒後に点Pが頂点Aにあるような動き
方の組合せの数として、最も妥当なのはど
れか。

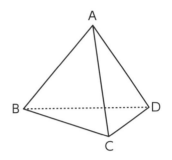

1．55
2．60
3．65
4．70
5．75

---

1 **1秒後に点Pが頂点Bにある場合を考えよう**

まず、1秒後に点Pが頂点Bにある場合について考えま
す。この場合の3秒後までを樹形図に表すと図のように①
〜⑨の9通りあることが分かります。

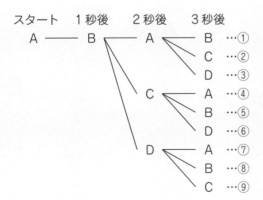

ここで、4秒後について考えてみると、点Pが5秒後に頂点Aにあるためには、4秒後に頂点A以外の3点のいずれかにないといけませんね。これが何通りあるか、全部書かずに計算によって求めることにします。

4秒後がAにならないように、樹形図を続けてもOK。でも、3秒後の時点で9通りもあるから、そろそろ図がグチャグチャになりそう……。
複雑な計算にならなそうだったら、うまく計算も入れてみてね。

・3秒後に頂点Aにある場合

　図より、④、⑦の2通りあります。4秒後はそれぞれ頂点B，C，Dの3通りに移動し、5秒後には頂点Aに戻ります。

　よって、この場合は 2 × 3 = 6（通り）です。

・3秒後に頂点A以外にある場合

　図より④、⑦以外の7通りあります。4秒後は頂点A以外の2通りの行き方があり、5秒後は頂点Aに戻ります。

　よって、この場合は 7 × 2 = 14（通り）になります。

```
3秒後   4秒後   5秒後
 A ─── B ─── A
        C ─── A
        D ─── A
```

　これより、1秒後が頂点Bで5秒後に頂点Aにある動き方は、6 + 14 = 20（通り）です。

2 **1秒後に点Pが頂点C，Dにある場合を考えよう**

　1秒後に点Pが頂点CやDにある場合も、頂点Bと同様に 20 通りとなりますね。

　よって、5秒後にAにあるような動き方は合計 20 × 3 = 60 で、60 通りとなり、正解は「2」です。

例えば①の場合
```
3秒後   4秒後   5秒後
 B ─── C ─── A
        D ─── A
```

正解 2

☑️ココをCHECK！

◆ 樹形図を使って書き出し、計算できそうなところは計算も取り入れよう！

下図のひし形の中にある平行四辺形の数として、最も妥当なのはどれか。

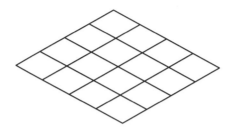

1. 60
2. 80
3. 100
4. 120
5. 160

1　直線で囲んで平行四辺形を作ろう

図1のように、①〜⑤の5本（）と、⑥〜⑩の5本の直線（）があると考えます。

図1

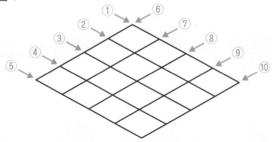

①〜⑤、⑥〜⑩の中からそれぞれ2本を選ぶと、4本の直線に囲まれた平行四辺形ができます。例えば②、④と⑦、⑩を選ぶと、図2のような平行四辺形になりますね。

図2

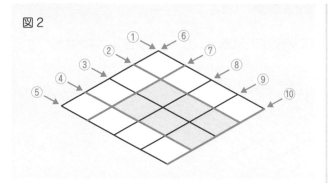

2 平行四辺形の数を計算しよう

よって、ひし形の中にある平行四辺形の数は、①～⑤の
5本から2本、かつ、⑥～⑩の5本から2本の線を選ぶ
と考えて、

「～かつ（and）～」は
掛け算だね。

$$_5C_2 \times {}_5C_2 = \frac{5 \times 4}{2 \times 1} \times \frac{5 \times 4}{2 \times 1} = 10 \times 10 = 100$$

と求めることができます。これより、正解は「3」となり
ます。

正解 3

✓ココをCHECK！

◆ 線を2本ずつ選んで、直線に囲まれた平行四辺形を作ろう。

 **トレーニング 3**

　男子 4 人，女子 6 人を男子 2 人，女子 3 人の 2 つの組に分けるとき、分け方の組合せの数として、最も妥当なのはどれか。

1. 20
2. 26
3. 60
4. 120
5. 132

---

1 組合せを求めよう

　男子 4 人から 2 人、かつ、女子 6 人から 3 人を選んで 1 つの組にする組合せの数を式で表すと、

$$_4C_2 \times {}_6C_3 = \frac{4 \times 3}{2 \times 1} \times \frac{6 \times 5 \times 4}{3 \times 2 \times 1} = 6 \times 20 = 120$$

と計算できます。

選択肢に「120 通り」があるけど、引っかからないでね！

2 同じ組み合わせを考えよう

　ここで、男子 2 人と女子 3 人を選ぶと、残るのも男子 2 人と女子 3 人である点に気を付けましょう。

　例えば、男子を A ～ D、女子を a ～ f として、図 1 のように選んだ 5 人と残りの 5 人で 2 つの組を作ったとします。

図 1

選んだ 5 人

残った 5 人

　この組を逆にして、図 2 のように選んだとしても、図 1 とまったく同じ 2 つの組ができますね。

図2

選んだ5人

残った5人

つまり、先程の計算には、2通りずつ同じ組合せが含まれているので、120通りを2で割って、

$$120 \div 2 = 60$$

で60通りとなり、正解は「3」です。

正解 3

✅ ココをCHECK！

◆ 同じ組み合わせができることに注意して、組合せの数を考えよう。

Aチーム4人とBチーム8人の2チーム計12人がいる。このうちから3人を選んで選抜チームをつくるとき、Aチームから1人以上選ぶような選び方として、最も妥当なのはどれか。

1．164通り
2．384通り
3．660通り
4．984通り
5．1320通り

1　Aチームの人数で場合分けしよう

・Aチームから1人選ぶ場合

Aチームの4人から1人、かつ、Bチームの8人から2人を選ぶような選び方は、

$$_4C_1 \times _8C_2 = 112 \quad \cdots ①$$

より、112通りとなります。

全部で3人選ぶから、Bチームの存在を忘れないでね！

・Aチームから2人選ぶ場合

Aチームから2人、かつ、Bチームから1人を選ぶ場合は、

$$_4C_2 \times _8C_1 = 48 \quad \cdots ②$$

より、48通りとなります。

・Aチームから3人選ぶ場合

Aチームから3人を選ぶ場合は、

$$_4C_3 = 4 \quad \cdots ③$$

より、4通りとなります。

計算スルゾ

$_4C_1 \times _8C_2$
$= \dfrac{4}{1} \times \dfrac{8 \times 7}{2 \times 1}$
$= 4 \times 28 = 112$

$_4C_2 \times _8C_1$
$= \dfrac{4 \times 3}{2 \times 1} \times \dfrac{8}{1}$
$= 6 \times 8 = 48$

$_4C_3$
$= \dfrac{4 \times 3 \times 2}{3 \times 2 \times 1}$
$= 4$

2 3つの場合を足そう

①～③より、Aチームから1人以上選ぶような選び方は、①または②または③となるので、

$$112 + 48 + 4 = 164$$

より、164通りと分かり、正解は「1」となります。

別解

Aチームから1人以上選ぶということは、見方を変えると、12人から3人を選ぶ場合において、Aチームから選ぶ人数が0人のとき、すなわちBチーム8人から3人選んだときを除く、と考えることができます。

よって、「計12人から3人を選ぶ場合」から、「Bチーム8人から3人を選ぶ場合」を引くと、Aチームから1人以上選ぶことになります。

$$_{12}C_3 - _8C_3 = 220 - 56 = 164$$

これより、164通りとなり、正解は「1」となります。

このように、ある事象に対して、それが起こらない事象を余事象といいます。求める場合の数よりも、起こらない場合を考えた方が早いときには、この考え方がオススメです。次のトレーニング5は、この方法で解いてみましょう！

正解 1

全体から、起こらない場合を引けばOK！

計算スルゾ

$_{12}C_3$

$= \dfrac{12 \times 11 \times 10}{3 \times 2 \times 1}$

$= 220$

$_8C_3$

$= \dfrac{8 \times 7 \times 6}{3 \times 2 \times 1}$

$= 56$

✓ココをCHECK♪

◆ 1人以上を選ぶ ＝ 「1人の場合」または「2人の場合」または「3人の場合」……と、分けて考えよう。

◆ 起こらない場合から考えた方が早いときは、余事象の考え方を使おう！

難易度 | ★ ☆ ☆

2018年 東京消防庁Ⅰ類

1から9までの整数から、異なる4個を選んで組をつくるとき、その中に偶数も奇数も含まれる場合の数として、最も妥当なのはどれか。

1. 118通り
2. 120通り
3. 122通り
4. 124通り
5. 126通り

1 余事象を考えよう

「異なる4個の中に偶数も奇数も含まれる場合」を考えると、（偶数の数，奇数の数）＝（1個，3個）（2個，2個）（3個，1個）の3パターンですが、「偶数も奇数も含まれる場合の数」の余事象は「偶数だけを選んだ場合」と「奇数だけを選んだ場合」の2パターンです。

よって、「1から9までの整数から異なる4個を選ぶ場合の数」からこれらの場合の数を引く方が、「偶数も奇数も含まれる場合の数」を早く求めることができそうですね。

2 場合の数を求めよう

1から9までの整数から4個を選ぶ場合の数は、

$$_9C_4 = 126$$

より、126通りとなります。

次に、偶数だけを4個を選ぶ場合を考えます。1から9までの偶数は2，4，6，8の4個なので、この選び方は1通りです。

奇数だけを4個選ぶ場合は、1，3，5，7，9の5個から4個選ぶので、$_5C_4 = 5$（通り）となりますね。

よって、偶数だけまたは奇数だけを選ぶ場合の数は、

計算スルゾ

$_9C_4$
$= \dfrac{9 \times 8 \times 7 \times 6}{4 \times 3 \times 2 \times 1}$
$= 126$

$$1 + 5 = 6$$

より、6 通りとなります。
　これより、求める場合の数は、

$$126 - 6 = 120$$

と分かり、120 通りで正解は「2」となります。

正解 2

☑ ココをCHECK！

◆ トレーニング 4 と同様、この問題も「偶数だけ」「奇数だけ」
　の場合を考えたほうが早いので、余事象を使おう。

トレーニング 6

2018年 東京消防庁Ⅰ類

A〜Fの6人をX，Yの2つの部屋に分けて入れる場合の数として、最も妥当なのはどれか。ただし、部屋の定員はなく、空き部屋ができないように分けるものとする。

1. 32通り
2. 36通り
3. 62通り
4. 64通り
5. 720通り

それぞれ好きな部屋に入れよう

X，Yの部屋に定員はないので、A〜Fの6人に好きな方の部屋に入ってもらいましょう。

Aの部屋の選び方はX，Yの2通り、同様にB〜Fもそれぞれ2通りですね。よって、6人の部屋の入り方は、$2 \times 2 \times 2 \times 2 \times 2 \times 2 = 2^6$（通り）あります。

ただし、全員がXを選ぶとYが空き部屋に、全員がYを選ぶとXが空き部屋になるので、この2通りだけは除きます。

これより、6人をXとYの2つの部屋に入れる場合の数は、

$$2^6 - 2 = 64 - 2 = 62$$

となり、62通りで、正解は「3」です。

こんなイメージかな。

正解 3

ココをCHECK！

◆ 定員がない部屋に分ける場合は、1人ずつの選び方を考えよう。

トレーニング 7

難易度｜★★☆

2019年　警視庁Ⅰ類

☆が１つ書かれたカードが４枚、◇が１つ書かれたカードが２枚、◎が１つ書かれたカードが２枚の全部で８枚のカードがある。左から順にカードを並べるとき、同じ形が書かれたカードが１つも連続していないような並べ方として、最も妥当なのはどれか。

1．12通り
2．16通り
3．20通り
4．24通り
5．28通り

1 ☆のカードから並べ方を考えよう

８枚のカードのうち、最も枚数が多い「☆が書かれたカード」から並べましょう。このカードの並べ方は図１のように、①～⑤の５通りとなりますね。

図１

①	☆		☆		☆		☆	
②	☆		☆		☆			☆
③	☆		☆			☆		☆
④	☆			☆		☆		☆
⑤		☆		☆		☆		☆

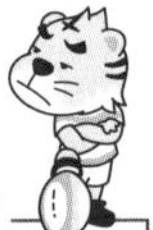

ナンデ

枚数が多い方から進めた方が場合分けが少なくなるよ。
◇から始めちゃったら、

①	◇		◇					
②	◇			◇				
③	◇				◇			

⋮

となり、まだまだ場合分けが続いて大変だ！

2 ◇のカードの並べ方も考えよう

図１の①～⑤について、◇のカードの並べ方を考えます。◇の場所が決まれば、◎はおのずと残ったところに決定するので、◇の場所だけ決めればよいですね。

・①，⑤の場合

①に◇を並べる場所は、残りの４か所から２か所を選

ぶ組合せと考え、$_4C_2 = \dfrac{4 \times 3}{2 \times 1} = 6$（通り）となります。

⑤は①と左右が逆になっただけなので、①と同様に 6 通りです。

・②～④の場合

②の残りの 4 か所を、図 2 のように $a \sim d$ とおきます。

図 2

| ② | ☆ | a | ☆ | b | ☆ | c | d | ☆ |

◇のカードは c, d と 2 枚並べることができず、また a, b に並べると c, d に◎が 2 枚続いてしまうので、a, b と c, d のそれぞれ 2 か所から 1 か所ずつ選ばなければなりません。よって、◇の並べ方は、$2 \times 2 = 4$（通り）です。

③と④に関しても、1 か所あいているところが 2 つと、2 か所連続であいているところが 1 つで、②と条件は同じです。よって、③，④ともに 4 通りです。

これより、同じ形が書かれたカードが 1 つも連続していないような並べ方は、①と⑤が 6 通り、②～④が 4 通りで、

$$6 \times 2 + 4 \times 3 = 24$$

となり、24 通りで正解は「4」です。

正解 4

✓ココをCHECK！

◆ カードを並べるときは、枚数の多いカードからスタート。

◆ 同じ条件になるときはまとめて考えよう。

　父親，母親，子供Ａ，Ｂ，Ｃ，Ｄ，Ｅの７人で円卓に座る。このとき、父親と母親が隣り合わせにならない座り方の総数として、最も妥当なのはどれか。

1. 360通り
2. 480通り
3. 600通り
4. 960通り
5. 1340通り

1　円順列を覚えよう

　円形に並べる順列を「円順列」といいます。

　例えば、図１の①，②で並び方を比べてみてください。①と②は違うように見えますが、実はどちらも時計周りに父→Ａ→Ｂ→母→Ｃ→Ｄ→Ｅと並び、座席をグルっと回せば同じになることが分かります。

図1

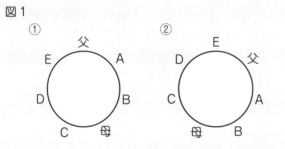

　そこで、円順列では、座席がグルっと回って同じ並びを数えないように、<u>１人の座席を固定し、残りの人の順列を求めます</u>。

　例えば、「父と母が隣り合わない」という条件がない場合の座り方は、父の座席を固定して、残りの６人の座り方を求めればよいので、6！＝6×5×4×3×2×1＝720通り。

　残りの６人は、この章のキソ知識２、例２にある「横１列」と同じ考え方だね！

2 父の座席を固定して求めよう

では、図2のように、父親の座席を固定し、残りの座席を①〜⑥とします。

条件のある父か母を固定しよう。

図2

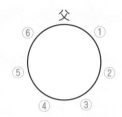

母親は、父親の隣に座らないので、母親の座席は②〜⑤の4通りとなります。

5人の子どもたちは、残りの5つの座席に座ればよいので、並び方は5！（通り）となりますね。

よって、7人の座り方の総数は、

$$4 \times 5! = 4 \times (5 \times 4 \times 3 \times 2 \times 1) = 480$$

となり、480通りで正解は「2」です。

正解 2

✓ ココをCHECK！

◆ 円順列は、1人の座席を固定して、残りの人の並び方を求めよう。

A，B，C，Dの4種類の商品を組合せて、10個買う。どの商品も少なくとも1個買うときの組合せの数として、最も妥当なのはどれか。

1. 20
2. 45
3. 84
4. 120
5. 286

1 テクニックを覚えよう

A＋B＋C＋D＝10となるような、A～Dの数の組合せを考える問題です。Aが1個のときから順に樹形図を書いて求めることもできますが、かなり時間がかかります。このような問題はテクニック的な解き方がありますので、それを紹介しますね。

図1のように、10個の商品（○）を1列に並べます。すると商品と商品の間（↓）は9か所ありますね。

図1

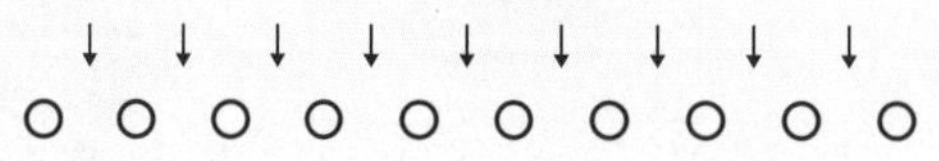

↓　↓　↓　↓　↓　↓　↓　↓　↓
○　○　○　○　○　○　○　○　○　○

この9か所の中から3か所に仕切りを作って、商品をA｜B｜C｜Dの4つに分けると考えます。

例えば図2の3か所に仕切りを作ると、A，B，C，Dの商品は順に1個，3個，2個，4個となります。

ポイント

左から順に、1つ目の仕切りまでがA、次がB、その次がC、最後がDってこと。
3か所に仕切りを作れば、A～Dの4種類に分けられるよね。

図2

○｜○　○　○｜○　○｜○　○　○　○
A　　　B　　　　C　　　　D
1個　　3個　　　2個　　　4個

2 組合せの数を計算しよう

このように、10 個の商品を買うときの 4 種類の商品の組合せは、<u>9 か所から 3 か所の仕切りを選ぶ組合せ</u>と考えて、

$$_9C_3 = \frac{9 \times 8 \times 7}{3 \times 2 \times 1} = 84$$

となり、商品の組合せの数は 84 で、正解は「3」となります。

正解 3

公式として覚えるなら、x 個の商品を買うときの y 種類の商品の組合せは、
$_{(x-1)}C_{(y-1)}$
で計算できるよ。

☑ココをCHECK！

◆ 9 か所ある「商品と商品の間」のうち 3 か所に仕切りを入れ A 〜 D に分ける、その仕切りを選ぶ組合せと考えよう。

トレーニング 10

難易度｜★★☆

2011 年　警視庁Ⅰ類

8 個の区別できないリンゴを赤，青，緑，黄の 4 つの袋に分けて入れるやり方は何通りあるか。ただし、1 個もリンゴが入っていない袋があってもよい。

1．84 通り
2．120 通り
3．145 通り
4．165 通り
5．220 通り

1 テクニックを覚えよう

袋に入るリンゴの数が赤 ＋ 青 ＋ 緑 ＋ 黄 ＝ 8 となるような組合せを考える問題です。トレーニング 9 と同様に仕切りを作って、赤｜青｜緑｜黄と分けたいところですが、本問には「1 個もリンゴが入っていない袋があってもよい」という条件があります。この条件がクセモノで、この方法では袋の中を 0 個とすることができません。

そこで、袋の中が 0 個でもいい場合は、リンゴの数（8 個）と仕切りの数（3 個）を合計して、11 個の「○」を 1 列に並べて考えます（図 1）。

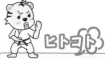

下図のように、仕切りの隣には必ず 1 個以上のリンゴがあるから、どうやっても 0 個にはできないよね。

○|○ ○ ○|○ ○|○ ○

図 1

○　○　○　○　○　○　○　○　○　○　○

この 11 個の○から 3 個を選び、それを仕切りとすることにします。すると、この仕切りによってリンゴを赤，青，緑，黄の 4 つの袋に分けることができます。

例えば、図 2 のように仕切ると、赤，青，緑，黄の袋に入ったリンゴの数は順に 2 個，2 個，1 個，3 個となりますね。

図2

赤　　　青　　　緑　　　黄
2個　　2個　　1個　　3個

左から順に、1つ目の仕切り（●）までが赤、次が青、その次が緑、最後が黄になるよ。

この方法なら、図3のように仕切りを連続させることによって袋の中を0個にすることができます。

図3

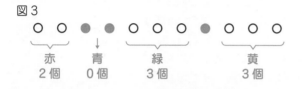

赤　　　青　　　緑　　　黄
2個　　0個　　3個　　3個

1個目と2個目の●の間に〇がないから青は0個だね。
もっと極端な例でいえば、下図のような場合は、黄色が8個で、それ以外はすべて0個になるよ。

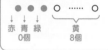

赤　青　緑　　　黄
0個　　　　　8個

2 組合せの数を計算しよう

よって、8個のリンゴを赤，青，緑，黄の4つの袋に分けて入れるやり方は、11個から3個の仕切りを選ぶ組合せと考えて、

$$_{11}C_3 = \frac{11 \times 10 \times 9}{3 \times 2 \times 1} = 165$$

より165通りで、正解は「4」となります。

正解 4

✓ココをCHECK！

◆ 赤＋青＋緑＋黄＝8となるような数（0もアリ）の組合せを求めるには、11個の中から3個を仕切りとして、その仕切りを選ぶ組合せと考えよう。

10 確率

場合の数を使って解く問題がほとんどなので、場合の数とペアで学習しましょう。ややこしい公式は、丸暗記よりも問題を何度も解きながら覚えてしまうのがベストです。

キソ知識 1 確率

例えば、大小 2 つのサイコロを投げて、目の数の和が 9 になる確率を考えましょう。

サイコロの目の出方は、6 × 6 = 36（通り）で、そのうち目の数の和が 9 になるのは、（大，小）=（3，6），（4，5），（5，4），（6，3）の 4 通りですね。よって、確率は $\frac{4}{36} = \frac{1}{9}$ となります。

このように、ある試行（サイコロを投げる、など）において、全部で△通りあるうち該当する○通りの割合を表したのが確率で、主に分数で表します。

$$確率 = \frac{該当するのは○通り}{全部で△通り}$$

次のように表で考えても OK。36 マスの中で 4 マスが該当するから、$\frac{4}{36} = \frac{1}{9}$ だね。

大＼小	1	2	3	4	5	6
1						
2						
3						○
4					○	
5				○		
6			○			

キソ知識 2 加法定理と乗法定理

次に、大小 2 つのサイコロを投げて、目の数の和が 6 または 12 になる確率を求めます。

目の和が 6 になるのは、（大，小）=（1，5），（2，4），（3，3），（4，2），（5，1）の 5 通り、12 になるのは、（大，小）=（6，6）の 1 通りで、全部で 6 通りです。よって、確率は $\frac{6}{36} = \frac{1}{6}$ となります。

この確率を求めるのに、目の和が 6 になる確率と 12 になる確率を足して、$\frac{5}{36} + \frac{1}{36} = \frac{6}{36} = \frac{1}{6}$ とすることもできます。これを「加法定理」といい、「A または（or）B」

の確率はそれぞれの確率を足して求められます。

　ただし、加法定理はAとBが同時に起こらないときに限ります。例えば、大小2つのサイコロを投げて、目の数の和が3の倍数または4の倍数になる確率の場合、「12」は3の倍数と4の倍数で2回カウントしてしまう（同時に起こっている）ので、重複してしまいますね。

　では、大小2つのサイコロを投げて、目の数がともに奇数になる確率はどうなるでしょう？

　大きいサイコロの目は1，3，5の3通り、かつ、小さいサイコロの目も1，3，5の3通りなので、$3 \times 3 = 9$ 通りとなり、$\dfrac{9}{36} = \dfrac{1}{4}$ です。

　この確率を求めるのに、1つのサイコロが奇数の目になる確率 $\dfrac{3}{6} = \dfrac{1}{2}$ を2つ掛け合わせて $\dfrac{1}{2} \times \dfrac{1}{2} = \dfrac{1}{4}$ とすることもできます。これを「乗法定理」といい、「Aかつ（and）B」の確率はそれぞれの確率を掛けて求められます。

　　　　Aの確率が a、Bの確率が b のとき
　　　・加法定理
　　　　Aまたは（or）Bが起こる確率→$a + b$
　　　　（ただし、AとBは同時に起こらない）

　　　・乗法定理
　　　　Aかつ（and）Bが起こる確率→$a \times b$

ヒトコト

場合の数の「和の法則」「積の法則」と同じ考え方だよ。
「Aまたは（or）B」は確率を足して、「Aかつ（and）B」は掛けるってこと。

キソ知識 3 同じことを繰り返す確率（反復試行）✓

「サイコロを何度も振る」など、同じ条件で同じことを繰り返すとき（反復試行）の確率について考えます。

> **例**
>
> サイコロを3回振ったとき、3回のうち2回、1の目が出る確率はいくらか。

1と1以外の目の出方は、（1，1，1以外）、（1，1以外，1），（1以外，1，1）の3通りあります。それぞれの確率を求めましょう。

3回のうち2回、1が出る場合の数は、$_3C_2$＝3（通り）と計算することもできるね。

・（1，1，1以外）の場合

サイコロを1回振って1の目が出る確率は $\frac{1}{6}$ ですね。

1以外の目が出る確率は、2〜6の5通りで $\frac{5}{6}$ ですから、

$$\frac{1}{6} \times \frac{1}{6} \times \frac{5}{6} = \frac{5}{216} \quad \cdots ①$$

となります。

ポイント

場合の数（9章トレーニング4）にある余事象ってやつだよ。確率の場合、全体は100％＝1だから、余事象の確率は「1－それ以外の確率」と求められるんだ。
この問題の場合は、
$1 - \frac{1}{6} = \frac{5}{6}$ と計算で出してもいいね。

・（1，1以外，1）の場合

①と同様に、

$$\frac{1}{6} \times \frac{5}{6} \times \frac{1}{6} = \frac{5}{216} \quad \cdots ②$$

となります。

・（1以外，1，1）の場合

①，②と同様に、

$$\frac{5}{6} \times \frac{1}{6} \times \frac{1}{6} = \frac{5}{216} \quad \cdots ③$$

となります。

　いずれの場合の確率も、出る目の順番が違うだけで同じ式になりますね。

　これより、求める確率は①または②または③と考えて、次のようになります。

$$\frac{5}{216} + \frac{5}{216} + \frac{5}{216} = \frac{5}{216} \times 3 = \frac{5}{72}$$

　では、ここまでを整理しましょう。目の出方は $_3C_2 = 3$（通り）あり、いずれの場合の確率も、1 の目が出る確率 $\left(\frac{1}{6}\right)$ を 2 回、1 以外の目が出る確率 $\left(\frac{5}{6}\right)$ を 1 回掛けたものになりますね。これらをすべてまとめると、次のように計算できます。

```
      3回のうち2回                1以外が1回出る確率
```

$$_3C_2 \times \left(\frac{1}{6}\right)^2 \times \left(\frac{5}{6}\right)^1 = \frac{5}{72}$$

```
            1が2回出る確率
```

　これより、A が起こる確率が p であるとき、A が n 回のうち r 回起こる確率は、次の公式になります。

```
    n回のうちr回        Aが (n-r) 回起こらない確率
```

$$_nC_r \times p^r \times (1-p)^{n-r}$$

```
            Aがr回起こる確率
```

　とてもややこしい公式ですね。丸暗記するよりも、問題を何度も解いて、解き方を体で覚えましょう！

キソ知識 4 期待値 ✓

　「期待値」とは、あることを行ったときに得られる値の平均値のことです。

　例えば、サイコロを1回ふって、出た目の数を100倍した賞金をもらえるゲームがあったとします。このときの、賞金の期待値を求めてみましょう。

1の目がでたら100円、2だったら200円…、6だったら600円もらえるってコト。

　サイコロの目と賞金、確率をまとめると次のようになります。

目	1	2	3	4	5	6
賞金	100	200	300	400	500	600
確率	$\frac{1}{6}$	$\frac{1}{6}$	$\frac{1}{6}$	$\frac{1}{6}$	$\frac{1}{6}$	$\frac{1}{6}$

賞金と確率を掛けて、それらを足していくよ。

　どの目も確率は $\frac{1}{6}$ になるので、このゲームにおける賞金の平均額、つまり期待値は、次のようになります。

$$\left(100 \times \frac{1}{6}\right) + \left(200 \times \frac{1}{6}\right) + \left(300 \times \frac{1}{6}\right) +$$
$$\left(400 \times \frac{1}{6}\right) + \left(500 \times \frac{1}{6}\right) + \left(600 \times \frac{1}{6}\right)$$
$$= 350 \,（円）$$

計算スルゾ
$(100 + 200 + 300 + 400 + 500 + 600) \times \frac{1}{6} = 2100 \times \frac{1}{6} = 350$

　期待値の公式としては、次のようになります。

　ある試行において得られる値が $x_1,\ x_2,\ \cdots,\ x_n$ で、それぞれの値をとる確率が $p_1,\ p_2,\ \cdots,\ p_n$ であるとき、
　　　期待値 $= x_1 p_1 + x_2 p_2 + \cdots + x_n p_n$

　これも丸暗記するよりも、問題の中から公式の使い方のコツを身につけていきましょう。

ウォームアップ

2017年　東京消防庁Ⅰ類

中の見えない袋の中に、2と書かれたカードが5枚、3と書かれたカードが4枚、4と書かれたカードが3枚入っている。この袋の中から一度に3枚のカードを出すとき、3枚のカードの和が奇数である確率として、最も妥当なのはどれか。

1. $\dfrac{1}{55}$

2. $\dfrac{2}{55}$

3. $\dfrac{28}{55}$

4. $\dfrac{29}{55}$

5. $\dfrac{31}{55}$

1　3枚のカードの内訳を考えよう

袋の中に、カードは12枚ありますね。この中から3枚のカードを出す出し方は、全部で $_{12}C_3 = 220$（通り）あります。

ここで、3枚のカードの和が奇数になるのはどのようなときか、奇数と偶数のカードの枚数ごとに、表にまとめてみます。

計算スルゾ

$_{12}C_3 =$
$\dfrac{12 \times 11 \times 10}{3 \times 2 \times 1} = 220$
これで、求める確率の分母はOK！

奇数 3	偶数 2 4	和
0枚	3枚	偶数
1枚	2枚	奇数
2枚	1枚	偶数
3枚	0枚	奇数

ポイント

奇数＋奇数＝偶数
偶数＋偶数＝偶数
奇数＋偶数＝奇数
だから、例えば奇数3枚のときは、「奇数＋奇数＋奇数＝偶数＋奇数＝奇数」になるよ。

表より、（奇数，偶数）＝（1枚，2枚）、または、（3枚，0枚）のときに和が奇数になることが分かります。では、それぞれの場合の数を求めましょう。

2 それぞれの場合の数を求めよう

・（奇数，偶数）＝（1枚，2枚）の場合

奇数のカードは「3」のみで計4枚、偶数のカードは「2」と「4」の計8枚あります。よって、4枚から1枚、かつ、8枚から2枚出す場合の数を求めると、次のようになります。

$$_4C_1 \times {}_8C_2 = \frac{4}{1} \times \frac{8 \times 7}{2 \times 1} = 4 \times 28 = 112$$

・（奇数，偶数）＝（3枚，0枚）の場合

奇数のカード4枚から3枚を出すので、この場合の数は次のようになりますね。

$$_4C_3 = \frac{4 \times 3 \times 2}{3 \times 2 \times 1} = 4$$

これより、3枚のカードの和が奇数になるのは、112 ＋ 4 ＝ 116（通り）です。よって、求める確率は、

$$\frac{116}{220} = \frac{29}{55}$$

となり、正解は「4」です。

正解 4

✓ ココをCHECK！

◆ 3枚の和が奇数になるためには、奇数と偶数のカードが何枚になるのかを考えて、場合の数を求めよう。

トレーニング **1**

　正六面体のサイコロを3つ同時に投げたとき、3つのサイコロの出た目のうち最も大きな数が4である確率として、最も妥当なのはどれか。

1. $\dfrac{7}{216}$

2. $\dfrac{17}{216}$

3. $\dfrac{1}{8}$

4. $\dfrac{37}{216}$

5. $\dfrac{47}{216}$

1 目の出方を考えよう

　3つのサイコロを投げたときの目の出方は、

$$6^3 = 6 \times 6 \times 6 = 216$$

より、216通りとなります。このうち、出た目の最も大きな数が4になるのはどんなときかを考えます。

　まず、5と6の目は出ませんね。つまり、「3つのサイコロの目が4以下」になります。

　さらに、どのサイコロも3の目だったらどうでしょう？最も大きな数は3になってしまいますね。つまり、少なくとも1つは4の目が出ないといけないわけですから、「3つのサイコロの目が3以下」の場合を除く、を条件に加えないといけません。

2 確率を求めよう

　これより、出た目の最も大きな数が4になる場合の数は、「3つとも4以下（4^3通り）」から「3つとも3以下（3^3通り）」の場合を除くので、次のようになります。

3つあるどのサイコロも、6通りの出方があるからね。

この条件は見落としがち！　気を付けてね。

$$4^3 - 3^3 = 64 - 27 = 37$$

これより、求める確率は $\dfrac{37}{216}$ となり、正解は「4」です。

正解 4

☑ **ココをCHECK！**

◆ 3つのサイコロの出た目のうち最も大きな目が 4 →「3つとも4以下」の中から「3つとも3以下」を除く。この考え方を覚えよう！

トレーニング **2**

1 から 10 までの異なる自然数が 1 つずつ書かれた 10 枚のカードがある。このカードをよく混ぜてから 2 枚同時に取り出して、その数字を小さい順に a, b とする。このとき、$\sqrt{\dfrac{b}{a}}$ が整数となる確率として、最も妥当なのはどれか。

1. $\dfrac{1}{90}$

2. $\dfrac{1}{45}$

3. $\dfrac{1}{30}$

4. $\dfrac{2}{45}$

5. $\dfrac{1}{15}$

---

1 カードの取り出し方を考えよう

10 枚のカードから 2 枚を同時に取り出す場合の数は、

$$_{10}C_2 = \frac{10 \times 9}{2 \times 1} = 45$$

ポイント

取り出したカードは小さい順に a, b と決まるから、カードの組合せを考えるだけで OK。

より、45 通りとなります。この中から、$\sqrt{\dfrac{b}{a}}$ が整数になるカードの組合せを 1 から順にみていきましょう。

・$\sqrt{\dfrac{b}{a}} = 1$ の場合

両辺を 2 乗して、

$$\frac{b}{a} = 1 \quad \text{よって、} a = b$$

となりますが、カードには異なる自然数が書かれているので、同じ数のカードはありません。よって、この場合は 0 通りです。

$\cdot \sqrt{\dfrac{b}{a}} = 2$ の場合

同様に、両辺を 2 乗して、

$$\dfrac{b}{a} = 4 \quad \text{よって、} \; b = 4a$$

となります。これを満たすカードは、$(a,\ b) = (1,\ 4)$, $(2,\ 8)$ の 2 通りです。

$\cdot \sqrt{\dfrac{b}{a}} = 3$ の場合

同様に、

$$\dfrac{b}{a} = 9 \quad \text{よって、} \; b = 9a$$

となり、これを満たすカードは、$(a,\ b) = (1,\ 9)$ の 1 通りです。

$\cdot \sqrt{\dfrac{b}{a}} = 4$ の場合

同様に、

$$\dfrac{b}{a} = 16 \quad \text{よって、} \; b = 16a$$

となりますが、カードは 1 から 10 までなので、この式を満たす $a,\ b$ はありません。$\sqrt{\dfrac{b}{a}} = 5$ 以上の場合も同様です。

これより、$\sqrt{\dfrac{b}{a}}$ が整数になるカードの組合せは、$2 + 1 = 3$ より、3 通りです。

2 確率を求めよう

カードの取り出し方は 45 通り、そのうち条件を満たすのは 3 通りですから、$\sqrt{\dfrac{b}{a}}$ が整数になる確率は、

$$\frac{3}{45} = \frac{1}{15}$$

で、正解は「5」です。

正解 5

✅ ココをCHECK！

◆ $\sqrt{\dfrac{b}{a}} = 1$ のときから順に、これが整数になる a と b の組合せを考えよう。

トレーニング 3

　袋の中に赤い玉、白い玉が合わせて 8 個入っている。この袋の中から玉を 2 個同時に取り出すとき、赤い玉と白い玉が 1 個ずつ出る確率が $\frac{3}{7}$ であるという。このとき、赤い玉の個数として、最も妥当なのはどれか。

1．2 個
2．3 個
3．6 個
4．2 個または 3 個
5．2 個または 6 個

1　確率を x の式で表そう

　赤と白の玉の内訳が謎なのに確率が分かっている……少しやっかいな問題に見えるかもしれませんね。そこで、赤い玉を x 個、白い玉を $(8 - x)$ 個として、確率を x の式で表してみましょう。

　まず、8 個の玉の中から 2 個を取り出す場合の数は、

$$_8C_2 = \frac{8 \times 7}{2 \times 1} = 28$$

より、28 通りとなりますね。このうち、赤 x 個から 1 個、かつ、白 $(8 - x)$ 個から 1 個出る場合の数は、

$$x(8 - x) = (8x - x^2) \text{ 通り}$$

です。この確率が $\frac{3}{7}$ であることから、次の式が成り立ちます。

$$\frac{8x - x^2}{28} = \frac{3}{7}$$

全部で 8 個だから、ここから赤い玉の数を引けばいいね。

例えば 4 個から 1 個の玉をとるのは 4 通り。x 個から 1 個だったら x 通り、$(8 - x)$ 個から 1 個だったら $(8 - x)$ 通りだね。

2 方程式を解こう

先ほどの式を解いて、x を求めます。

両辺に 28 を掛けて、
$$8x - x^2 = 12$$
$$-x^2 + 8x - 12 = 0$$
$$x^2 - 8x + 12 = (x - 2)(x - 6) = 0$$
よって、$x = 2, 6$

これより、赤い玉の個数は 2 個または 6 個で、正解は「5」です。

2 次方程式の解き方は、この章の最後「算数・数学のキソ知識」で確認しよう。

別解

選択肢を見ると、赤い玉の個数は 2, 3, 6 個の中にありますね。このようなときは、選択肢を使って、それぞれの個数のときの確率を求める方法もオススメです。

・**赤い玉が 2 個の場合**

白い玉は 6 個です。このとき、赤い玉と白い玉が 1 個ずつ出る確率は、$\dfrac{2 \times 6}{28} = \dfrac{12}{28} = \dfrac{3}{7}$ となります。

分母の 28 の求め方は前ページにあるよ。

・**赤い玉が 3 個の場合**

白い玉は 5 個で、確率は $\dfrac{3 \times 5}{28} = \dfrac{15}{28}$ となり、条件と一致しません。

・**赤い玉が 6 個の場合**

白い玉は 2 個で、確率は $\dfrac{6 \times 2}{28} = \dfrac{12}{28} = \dfrac{3}{7}$ です。

よって、赤い玉の個数は 2 個または 6 個で、正解は「5」です。

正解 5

☑ココをCHECK！

◆ 求める個数を x として式を立てよう。

◆ 選択肢から、条件にあう個数を見つけるのもアリ。

難易度 ｜ ★ ★ ☆

2017年　東京消防庁Ⅰ類

　白玉4個，赤玉2個が入っている袋がある。その袋の中から玉を1個取り出し、色を確認し袋に戻す作業を5回繰り返す。赤玉が4回以上出る確率として、最も妥当なのはどれか。ただし、色以外の違いはないものとする。

1. $\dfrac{5}{81}$

2. $\dfrac{13}{81}$

3. $\dfrac{2}{243}$

4. $\dfrac{5}{243}$

5. $\dfrac{11}{243}$

1　赤玉の回数ごとに確率を求めよう

　取り出した玉は1回ごと袋に戻すので、同じ条件で作業を繰り返していますね。

　袋の中から玉を1個取り出したとき、それが赤玉である確率は $\dfrac{2}{6} = \dfrac{1}{3}$、白玉である確率は $\dfrac{4}{6} = \dfrac{2}{3}$ です。

　これをふまえて、赤玉が出る回数を4回と5回の場合に分けて、それぞれの確率を求めましょう。

ヒトコト

これが反復試行だよ。もし玉を袋に戻さなかったとしたら、玉の数が減るから、毎回同じ条件にはならず、反復試行とはいえないんだ。

ナンデ

「5回のうち赤玉が4回以上出る確率」だから、4回と5回の場合分けになるよ。

・**赤玉が 4 回出る場合**

反復試行の公式より、5 回のうち 4 回赤玉が出る確率は、次のようになります。

$$_5C_4 \times \left(\frac{1}{3}\right)^4 \times \left(\frac{2}{3}\right)^1 = 5 \times \frac{1}{81} \times \frac{2}{3} = \frac{10}{243}$$

ヒトコト

| 5回のうち4回 | 1回白が出る確率 |

$$_5C_4 \times \left(\frac{1}{3}\right)^4 \times \left(\frac{2}{3}\right)^1$$

4回赤が出る確率

・**赤玉が 5 回出る場合**

5 回すべてが赤玉になる確率は、次のようになります。

$$\left(\frac{1}{3}\right)^5 = \frac{1}{243}$$

ナンデ

すべて赤玉の場合は、1 回目から 5 回目まで、どの確率も全部 $\frac{1}{3}$ だもんね。

2 確率を求めよう

これより、赤玉が 4 回以上出る確率は、赤玉が 4 回または 5 回出る確率と考えて、

$$\frac{10}{243} + \frac{1}{243} = \frac{11}{243}$$

となり、正解は「5」です。

正解 **5**

✓ココをCHECK！

◆ 同じ条件で作業を繰り返すときは、反復試行の公式を使おう。

　 A が起こる確率が p であるとき、A が n 回のうち r 回起こる確率

　　 $_nC_r \times p^r \times (1-p)^{n-r}$

◆ 何度も解いて、公式の形を覚えよう！

トレーニング 5

　袋の中に赤色の玉が 3 個、青色の玉が 2 個、黄色の玉が 5 個入っている。この中から 3 個の玉を取り出すとき、赤色の玉の個数の期待値として、最も妥当なのはどれか。

1. $\dfrac{17}{24}$

2. $\dfrac{7}{8}$

3. $\dfrac{7}{10}$

4. $\dfrac{9}{10}$

5. $\dfrac{21}{20}$

1　赤玉の個数ごとに確率を求めよう

　袋の中に玉は全部で 10 個入っているので、この中から 3 個の玉を取り出す場合の数は、

$$_{10}C_3 = \frac{10 \times 9 \times 8}{3 \times 2 \times 1} = 120$$

より、120 通りとなります。赤玉の個数ごとに確率を求めると、次のようになります。

・赤玉が 0 個の場合

　赤玉以外 7 個のうち 3 個を取り出すので、その確率は次のようになります。

$$\frac{_7C_3}{_{10}C_3} = \frac{35}{120}$$

期待値についてはキソ知識 3 を参照！

ポイント

$\dfrac{35}{120} = \dfrac{7}{24}$ と約分できるけど、期待値を求めるときに分数の足し算が出てくるんだ。約分せず、分母を 120 でそろえておくと計算しやすいよ。

・**赤玉が1個の場合**

赤玉3個のうち1個と、赤玉以外7個のうち2個を取り出すので、その確率は次のようになります。

$$\frac{{}_3C_1 \times {}_7C_2}{{}_{10}C_3} = \frac{3 \times 21}{120} = \frac{63}{120}$$

・**赤玉が2個の場合**

同様に赤玉3個のうち2個、赤玉以外7個のうち1個を取り出すので、次のようになります。

$$\frac{{}_3C_2 \times {}_7C_1}{{}_{10}C_3} = \frac{3 \times 7}{120} = \frac{21}{120}$$

・**赤玉が3個の場合**

赤玉のみを3個取り出すので、次のようになります。

$$\frac{{}_3C_3}{{}_{10}C_3} = \frac{1}{120}$$

これより、取り出した赤玉の個数と確率をまとめると、次の表のようになります。

赤玉の個数	0	1	2	3
確率	$\frac{35}{120}$	$\frac{63}{120}$	$\frac{21}{120}$	$\frac{1}{120}$

2 期待値を求めよう

期待値の公式より、赤玉の個数の期待値を求めると、次のようになります。

$$\left(0 \times \frac{35}{120}\right) + \left(1 \times \frac{63}{120}\right) + \left(2 \times \frac{21}{120}\right) + \left(3 \times \frac{1}{120}\right)$$

$$= \frac{63}{120} + \frac{42}{120} + \frac{3}{120}$$

$$= \frac{108}{120} = \frac{9}{10}$$

表を上（個数）と下（確率）を掛けて、それらを足していけば OK！

よって、期待値は $\frac{9}{10}$ で、正解は「4」です。

正解 4

✅ ココをCHECK！

◆ 期待値の公式を使いこなそう。

ある試行において得られる値が x_1, x_2, …, x_n で、それぞれの値をとる確率が p_1, p_2, …, p_n であるとき、

期待値 $= x_1 p_1 + x_2 p_2 + \cdots + x_n p_n$

算数・数学の キ ソ 知 識 **2次方程式**

x^2 を含む方程式を 2 次方程式といいます。

「$x^2 = a$」の形の場合、2 乗して a になる数が答えです。プラスとマイナスの 2 つ、答えがあることに注意しましょう。

<例>
$x^2 = 9$　　$x = \pm 3$

「$x^2 + ax + b = 0$」の形の場合は、まず左辺を因数分解して、解を求めます。例を使って説明しますね。

<例>
$x^2 - 6x + 8 = 0$
$(x - 2)(x - 4) = 0$ 　) 左辺を因数分解する

⬇

$(x - 2)$ と $(x - 4)$ を掛けて 0 になるということは、
$(x - 2)$ と $(x - 4)$ のいずれかが 0

⬇

$x - 2 = 0$ より $x = 2$、$x - 4 = 0$ より $x = 4$
よって、解は $x = 2, \ 4$

11 仕事算とニュートン算

なかなかややこしくて嫌われがちな分野ですが、仕事算は具体的な仕事に置き換えて解けばOK！ ニュートン算は考え方が決まっているので、何度も解いてコツを掴みましょう。

頻出度
警察 ★★★
消防 ★★★

ウォームアップ

2015年 東京消防庁Ⅰ類

A，B，Cの3人の1日にする仕事の割合は3：3：2で、ある仕事を3人で休まず10日間かかって全体の $\frac{1}{2}$ だけ仕上げることができた。その後、すべての仕事を終えるまでに、Aは5日間、Bは3日間休み、Cは休まなかった。この仕事にかかった日数として、最も妥当なのはどれか。

1. 23日
2. 26日
3. 29日
4. 32日
5. 35日

1 仕事内容とノルマを設定しよう

この問題のように、「○○さんが△日間で仕事をした」という問題を「仕事算」といいます。たいていの場合、具体的な仕事内容がなくイメージがわきにくいので、モノを作る仕事を設定すると、分かりやすくなります。

例えば、パンを作る仕事として、問題文の前半を見てみましょう。

3人の仕事の割合が3：3：2であることから、Aが1日に3個、Bも3個、Cは2個のパンを作るとすると、3人で10日間に作るパンは計80個になりますね。これで全体の $\frac{1}{2}$ ですから、この仕事のノルマ（全体の仕事量）は160個のパンを作ることです。

ポイント

これが仕事算のポイント。個数がカウントできるモノにしよう。

ヒトコト

3人で1日に8個作るから、10日間で80個になるね。

　仕事算では、このようにまず具体的に仕事内容とノルマを設定します。続いて、問題文の後半を見ていきましょう。

2 かかった日数を求めよう

　11 日目以降に、残りのパン 80 個を作ります。この間にかかった日数を x 日間とすると、A は 3 個ずつ $(x-5)$ 日間、B は 3 個ずつ $(x-3)$ 日間、C は 2 個ずつ x 日間パンを作り続けて、80 個のノルマ達成です。これを式にすると次のようになります。

$$3(x-5) + 3(x-3) + 2x = 80$$

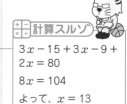

計算スルゾ

$3x - 15 + 3x - 9 + 2x = 80$

$8x = 104$

よって、$x = 13$

　これを解いて $x = 13$ となり、後半は 13 日間となりますね。

　よって、この仕事にかかった日数は、前半の 10 日間を含めて計 23 日で、正解は「1」です。

正解 1

✓ココをCHECK！

◆ 仕事算は、仕事を具体的に設定するのがポイント。比の値をそのまま 1 日あたりの仕事量にしよう。

トレーニング 1

12人で15日かかる仕事がある。この仕事を20日間で完了するよう毎日同じ人数で始めたが、12日間仕事を終えた時点で、あと3日で完了させることになった。13日目から増やす必要がある人数として、最も妥当なのはどれか。ただし、1人が1日当たりにする仕事量は同じであるものとする。

1．7人　　　2．9人　　　3．11人　　　4．13人　　　5．15人

1 仕事内容とノルマを設定しよう

この問題も、仕事をパン作りとしましょう。1人が1日当たりパンを1個作るとすると、12人で15日かかることから、この仕事のノルマは、パンを 12 × 15 = 180 個作ることです。

何個に設定してもいいんだけど、単純に「1個」が一番計算が楽だよ。1人の1日あたりの仕事量が「1」ってこと。

2 必要な人数を求めよう

まず、20日間で完了するために、180 ÷ 20 = 9 人で仕事をし始めました。そして、12日間で、9 × 12 = 108 個のパンができたわけです。よって、ノルマの残りは、180 − 108 = 72（個）ですね。

この後72個のパンを3日で作るので、そのために必要な人数は、

$$72 \div 3 = 24$$

より、24人となり、増やす必要がある人数は、24 − 9 = 15（人）で、正解は「5」です。

はじめは9人で仕事をしていたからね。

正解 5

✓ ココをCHECK！

◆ 1日あたりの1人の仕事量を1と設定しよう。

　ある作業を 3 時間で終えるのに、機械 A だけを動かすと 5 台、機械 B だけを動かすと 10 台必要になる。機械 A を 8 台と機械 B の何台かを同時に動かして同じ作業を 1 時間で終えたいとき、機械 B の台数として、最も妥当なのはどれか。

1．10 台
2．12 台
3．14 台
4．16 台
5．18 台

1　作業内容とノルマを設定しよう

　この問題もパン作りで話を進めますが、機械が 2 種類あり、作業の割合も分かりませんね。こういう場合は、次のように進めましょう。

　機械 A は 1 時間にパンを a 個、B は b 個作るとします。A を 5 台、B を 10 台動かすと、どちらも 3 時間でノルマを達成するので、ノルマに関して次の式が成り立ちます。

$$5a \times 3 = 10b \times 3$$
$$15a = 30b$$
$$a = 2b \quad よって、a : b = 2 : 1$$

　これより、$a = 2, b = 1$ とすると、A は 1 時間に 2 個、B は 1 個作る機械で、ノルマは $10 \times 3 = 30$（個）となります。

ポイント

$a : b = 2 : 1$ を満たす a と b だったら、いくつでも OK。例えば、$a = 20, b = 10$ としたらノルマは $100 \times 3 = 300$ 個になるよ。

2　機械 B の台数を求めよう

　これより、機械 A を 8 台、1 時間動かすと、できるパンは 16 個、機械 B を x 台動かすと x 個となるので、これらを同時に動かして 1 時間で 30 個のノルマを達成すると、次の式が成り立ちます。

$$16 + x = 30 \quad よって、x = 30 - 16 = 14$$

よって、機械Bの台数は 14 台となり、正解は「3」です。

正解 3

☑ ココをCHECK！

◆ $a : b$ の比から 1 時間あたりのパンの個数を設定してノルマを決めよう。

DREAMS
COME
TRUE！

A，Bの 2 人で行うと、ある日数で終了する仕事がある。この仕事をAだけ
で行うと 2 人で行うときの日数より 16 日多くかかり、Bだけで行うと 9 日多
くかかる。この仕事をAだけで行うとき、終了するまでにかかる日数として、
最も妥当なのはどれか。ただし、A，Bそれぞれの 1 日当たりの仕事量は一定
とする。

1．24 日
2．26 日
3．28 日
4．30 日
5．32 日

1　作業内容とノルマを設定しよう

AとBの仕事量の割合や日数など具体的な値がないの
で、A，Bが 1 日に作るパンの個数をそれぞれ a 個、b 個
としましょう。2 人で 1 日に $(a + b)$ 個のパンを作り、
x 日間で終了したとすると、ノルマの個数は次のようにな
ります。

$$(a + b)x = ax + bx \quad \cdots ①$$

2　方程式を作ろう

①のノルマをAだけで 1 日 a 個ずつ行うと $(x + 16)$
日かかったので、ノルマに関して次の式が成り立ちます。

$$ax + bx = a(x + 16)$$
$$これより、bx = 16a \quad \cdots ②$$

同様に、①のノルマをBだけで 1 日 b 個ずつ行うと $(x$
$+ 9)$ 日かかったので、これを式にすると、

ヒトコト

しつこいようだけど、
またパン作りでいく
よ。この問題はややこ
しいけど頑張って！

計算スルゾ

$ax + bx$
$= ax + 16a$
よって、$bx = 16a$

$$ax + bx = b(x + 9)$$
これより、$ax = 9b$ …③

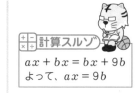

となります。よって、②と③から、次の連立方程式が成り立ち、これを解きます。

$$\begin{cases} bx = 16a & \cdots② \\ ax = 9b & \cdots③ \end{cases}$$

②より、$a = \dfrac{bx}{16}$ を③に代入して、

$$\dfrac{bx^2}{16} = 9b$$

両辺に $\dfrac{16}{b}$ を掛けると、$x^2 = 144$

$x > 0$ より、$x = 12$

これより、A，Bの2人で行うと12日間で終了すると分かり、Aだけで行うと $12 + 16 = 28$ より、28日間かかることになります。よって、正解は「3」です。

正解 3

ヒトコト
Aだけで行うと2人で行うより16日多くかかったんだったよね。

☑ ココをCHECK！

◆ 具体的な値がないときには a，b などの文字にして式を作ろう。

トレーニング 4

2017年　東京消防庁Ⅰ類

　一定の量だけ水のたまっている井戸がある。この井戸から水をくみ出すと、一定の割合で水が湧き出る。毎分20Lくみ上げられるポンプを使って水をくむと、15分で水がなくなり、毎分30Lくみ上げられるポンプを使えば、9分で水がなくなるという。毎分25Lのポンプを使って水をくみ上げたときに、水がなくなるまでにかかる時間として、最も妥当なのはどれか。

1．11分
2．11分15秒
3．11分30秒
4．11分45秒
5．12分

1　ニュートン算のポイントを押さえよう

　ここからは仕事算の応用で、「ニュートン算」と呼ばれる問題を解きます。井戸から水をくみ出す仕事算のように見えますが、くみ出すのと同時に水が湧き出てくるところが仕事算との違いです。

　この問題のように、水に関する問題がニュートン算の代表例ですが、他にも「草が生えているところに牛を放牧し、牛が草を食べつつ草もどんどん生える」や、「雪が積もる中、雪下ろしをしつつさらに雪が積もる」といった問題が過去に出題されています。

　要は、仕事をするけどそれを妨げる動きがあって、「おいおい、これじゃ仕事が終わらないじゃないか……」というのがニュートン算です。

　では、解き方をみてみましょう。本問では、最終的に井戸から水がなくなるので、たまっている水と湧き出た水をすべてポンプがくみ上げると考えて、

　　（たまっている水の量）＋（湧き出た水の量）
　　＝（ポンプがくみ上げた水の量）

とすることができます。これがニュートン算のポイントです。

ニュートン算には具体的な仕事内容があるから、パン作りは終了！

ニュートン算はこの考え方が大事！

井戸にたまっている水の量を x L とし、毎分 y L で水が湧き出るとします。

まず、毎分 20L のポンプを使った場合からみてみましょう。水がなくなるまでの 15 分間に湧き出た水の量は $15y$ L で、ポンプがくみ上げた水の量は $20 \times 15 = 300$ より、300L です。これより、次の式が成り立ちます。

$$x + 15y = 300 \quad \cdots ①$$

次に、毎分 30L のポンプを使った場合は、水がなくなるまでの 9 分間に湧き出た水の量は $9y$ L、ポンプがくみ上げた水の量は $30 \times 9 = 270$ より、270L となり、次の式が成り立ちます。

$$x + 9y = 270 \quad \cdots ②$$

①と②を連立して解くと、$x = 225$, $y = 5$ となるので、井戸には 225L たまっていて、毎分 5L の水が湧き出ることが分かります。

計算スルゾ

$\begin{cases} x + 15y = 300 & \cdots① \\ x + 9y = 270 & \cdots② \end{cases}$
①−②より、$6y = 30$
よって、$y = 5$
これを②に代入して、
$x + 45 = 270$
よって、$x = 225$

これらをふまえて、毎分 25L のポンプを使った場合を考えます。この場合、分からないのは時間ですね。

水がなくなるまでに t 分かかったとすると、この間に湧き出た水の量は $5t$ L、ポンプがくみ上げた水の量は $25t$ L です。

ポイント

ここも、（たまっている水）＋（湧き出た水）＝（くみ上げた水）を式にするよ。

よって、

$$225 + 5t = 25t$$

これを解いて、$t = 11\dfrac{1}{4}$（分）= 11 分 15 秒

となり、水がなくなるまでにかかる時間は 11 分 15 秒で、正解は「2」です。

正解 2

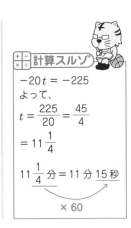

計算スルゾ

$-20t = -225$
よって、
$t = \dfrac{225}{20} = \dfrac{45}{4}$
$= 11\dfrac{1}{4}$

$11\dfrac{1}{4}$ 分 = 11 分 15 秒

× 60

✓ココをCHECK！

◆ ニュートン算のポイントを覚えよう。
　（たまっている水の量）＋（湧き出た水の量）
　　＝（ポンプがくみ上げた水の量）

　あるライブ会場では、開場直前に 240 人が集まっており、開場後も 1 分あたり 8 人が新たに集まり続ける。開場とともに 3 つの窓口で入場手続きを行ったが、開場後 30 分が経過した時点で入場待ちの人数は 300 人であった。この時点で行列解消のため、窓口を増やして合計 8 つの窓口で対応する場合、これまでと同じ人数が集まり続けることを前提に、窓口を増やしてから行列がなくなるまでにかかる予想時間として、最も妥当なのはどれか。ただし、窓口 1 つあたりの入場手続きに要する時間は一定とする。

1．35 分 30 秒
2．36 分 15 秒
3．36 分 30 秒
4．37 分 15 秒
5．37 分 30 秒

1 開場後 30 分時点をみてみよう

　まず、開場後 30 分時点をみてみましょう。開場直前に集まっていた人と 30 分間で集まった人に対して入場手続きをしましたが、300 人が入場待ちになってしまいました。よって、次のように考えることができます。

（開場前にいた人数）＋（30 分間で集まった人数）－
（入場手続きした人数）＝ 300

　30 分間で集まった人は $8 \times 30 = 240$（人）です。1 つの窓口で 1 分間に入場手続きできる人数を x 人とすると、3 つの窓口で 30 分間に $3x \times 30 = 90x$（人）が手続きしたことになるので、次の方程式が成り立ちます。

　　$240 + 240 - 90x = 300$　これを解いて、$x = 2$

計算スルゾ
$-90x = -180$
よって、$x = 2$

　これより、1 つの窓口で 1 分間に 2 人、入場手続きできることが分かります。

2 開場後 30 分以降をみてみよう

次に、30 分以降についてですが、行列がなくなったときには、

(30 分時点でいた人数)＋(さらに集まった人数)
＝(入場手続きした人数)

となりますね。行列がなくなるまでに t 分かかるとすると、1 分間に 8 人ずつ集まり、8 つの窓口で 16 人ずつ入場手続きをするので、次の式が成り立ちます。

$$300 + 8t = 16t$$

これを解いて、$t = 37\dfrac{1}{2}$（分）＝ 37 分 30 秒

これより、窓口を増やしてから行列がなくなるまでにかかる予想時間は 37 分 30 秒で、正解は「5」です。

正解 5

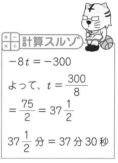

計算スルゾ

$$-8t = -300$$

よって、$t = \dfrac{300}{8}$

$= \dfrac{75}{2} = 37\dfrac{1}{2}$

$37\dfrac{1}{2}$ 分 = 37 分 30 秒

☑ココをCHECK！

◆ 人が集まる場合もニュートン算の考え方は同じ。開場前にいた人数、集まった人数、入場手続きをした人数から式を作ろう。

　水槽に水道から水が1分間に3リットルの割合で流れ込み、水槽の上から水が溢れ出ている。水道から水が流れ込んでいるまま、ポンプで排水する。ポンプAで排水すると24分で水を汲みつくし、ポンプBで排水すると12分で汲みつくし、ポンプAとBを同時に用いると6分24秒で汲みつくすことができるという。ポンプA，Bが1分間に排水することができる水の量が一定であるとき、水槽の容積として、正しいのはどれか。

1．72リットル
2．84リットル
3．96リットル
4．108リットル
5．120リットル

---

1 ポンプAとBの式を作ろう

　これまでのトレーニングと同様、水槽にある水と流れ込む水をすべてポンプの排水で汲みつくしたと考えると、

　　　（水槽にある水の量）＋（流れ込む水の量）
　　　＝（排水した水の量）

結局どの問題も解き方は同じってことに気付いたかな？　未知数を x などの文字において、式を作ろう！

となりますね。水槽にある水を x リットル、ポンプAとBが1分間に排水する水の量をそれぞれ a リットル，b リットルとすると、ポンプAでは24分、Bでは12分で汲みつくすことから、次の式が成り立ちます。

　　ポンプA　$x + 3 \times 24 = 24a$
　　　　　　これより、$x + 72 = 24a$　…①

　　ポンプB　$x + 3 \times 12 = 12b$
　　　　　　これより、$x + 36 = 12b$　…②

2 ２つのポンプを同時に用いたときの式を作ろう

式が①, ②の２つに対して、文字は x, a, b の３つあるので、このままでは方程式が解けませんね。そこで、２つのポンプを同時に用いたときについても、同様に式にしましょう。

$$x + 3 \times \frac{32}{5} = \frac{32}{5}(a + b)$$

両辺に５を掛けて、$5x + 96 = 32a + 32b$　…③

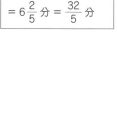

計算スルゾ

$6 \text{分} 24 \text{秒} = 6\frac{24}{60} \text{分}$

$= 6\frac{2}{5} \text{分} = \frac{32}{5} \text{分}$

これで式が３つになりました。①, ②, ③を連立して方程式を解きます。

$$\begin{cases} x + 72 = 24a & \cdots① \\ x + 36 = 12b & \cdots② \\ 5x + 96 = 32a + 32b & \cdots③ \end{cases}$$

①より、$a = \frac{1}{24}x + 3$　②より、$b = \frac{1}{12}x + 3$

これらを③に代入して、

$$5x + 96 = 32\left(\frac{1}{24}x + 3\right) + 32\left(\frac{1}{12}x + 3\right)$$

$$5x + 96 = \frac{4}{3}x + 96 + \frac{8}{3}x + 96$$

$$5x - \frac{4}{3}x - \frac{8}{3}x = 96 + 96 - 96$$

よって、$x = 96$

これより、水槽の容積（水槽にある水）は 96 リットルで、正解は「3」です。

正解 3

✅ ココをCHECK！

◆ ニュートン算はどれも解き方が同じだから、未知数が増えても焦らずに式を作ろう。

12 数列と規則性

数列の中でも頻出の等差数列は、公式を2つ使いこなせるようにしましょう。ただ、項数が少ないときは足したり書き出したりして、力技で解いてしまうのもアリです！

頻出度
警察 ★★★★★
消防 ★★★★★

キソ知識 1 等差数列の第 n 項を求める公式 ✓

ある規則によって並んだ数の列を「数列」といい、同じ数だけ増えていく（または減っていく）数列を等差数列といいます。次の例のように、それぞれの数を「項」、最初の項を「初項」、次の項との差を「公差」といいます。この数列の場合、初項は3、公差は4ですね。

ヒトコト

ちなみに、減っていく場合、公差はマイナスになるよ。下の例だと公差は −4 だね。

3 −1 −5 …
  −4 −4

| 初項 | 第2項 | 第3項 | 第4項 | 第5項 |

3 → 7 → 11 → 15 → 19 …
  +4 +4 +4 +4
公差

では、この数列の第100項を計算で求めてみましょう。初項から第100項まで、「+4」は項と項の間に 99 個ありますね。よって、第100項は、初項の3に、4を 99 回足した数となり、次のように計算できます。

ナンデ ?
公差は項の個数（項数）より1少ないよね。

$$\underset{初項}{3} + \underset{公差}{4} \times \underset{項数-1}{99} = 399$$

これより、等差数列の第 n 項を求める公式は次のようになります。

等差数列の第 n 項 ＝ 初項 ＋ 公差 ×（$n − 1$）

キソ知識 **2** 等差数列の和を求める公式 ✓

次に、等差数列の和を考えます。例えば、キソ知識 **1** にある数列の初項から第 100 項までの和を求めてみましょう。3 ＋ 7 ＋ …と足すのは大変なので、次のように計算します。

$$
\begin{array}{cccccccc}
3 & 7 & 11 & 15 & 19 & \cdots & 395 & 399
\end{array}
$$

7 ＋ 395 ＝ 402
3 ＋ 399 ＝ 402

すると、初項と第 100 項の和も、その内側の第 2 項と第 99 項の和も、さらにこの内側の和もすべて 402 で、402 は計 50 個（100 項の半分）あることが分かりますね。よって、初項から第 100 項までの和は、次のように計算できます。

$$
(\underset{初項}{3} + \underset{第100項}{399}) \times \underset{項数の半分}{100 \div 2} = 20100
$$

これより、等差数列の和を求める公式は次のようになります。

等差数列の和 ＝（初項 ＋ 末項）× 項数 ÷ 2

項数が奇数の場合もこの公式が成り立ち、答えは整数になります。

ポイント

最後の項を末項というよ。
「最初と最後を足した数」が「項数の半分の個数」あるってこと。意味を理解すれば、公式も覚えやすいね。

1辺の長さが1cmの灰色の正三角形の紙を、外側の形が正三角形になるように並べる。例えば、1辺が5cmの正三角形をつくると図のようになる。1辺が10cmの正三角形をつくったあと、中にできたすき間を埋めるために必要な枚数として、最も妥当なのはどれか。

1. 70枚
2. 71枚
3. 72枚
4. 73枚
5. 74枚

1 解き方を考えよう

図1のように、1辺が5cmの正三角形に補助線を引きます。すると、中にあるすき間にも1辺が1cmの正三角形（以降、小さな正三角形と呼びます）を規則正しく並べることができると分かります。

ヒトコト

図形の問題だけど、数列の公式を使う問題だよ。

図1

よって、<u>白い小さな正三角形の数</u>を求めるには、小さな正三角形の総数から、灰色の小さな正三角形の数を引けばよいですね。

2 1辺が10cmの正三角形を考えよう

1辺が10cmの正三角形は、図1の下に5段追加して図2のようになります。

小さな正三角形の個数は、1段目から順に、1, 3, 5, 7, …と奇数が続き、2個ずつ増えていくと分かります。これを数えていくと、<u>10段目は19個</u>になりますね。

図2

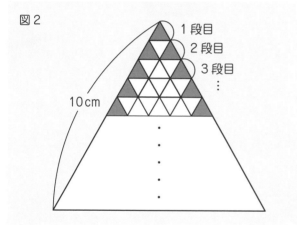

1段目
2段目
3段目
⋮

10cm

よって、小さな三角形の総数は、初項1, 公差2の等差数列の第10項までの和となり、

$$(1 + 19) \times 10 \div 2 = 100$$

より、100個です。

次に、灰色の小さな正三角形は、大きな正三角形の1辺に10個ありますが、3辺あるので10×3とすると、頂点にある3個の▲を2回ずつカウントしてしまうのでその分を引きます。よって、

$$10 \times 3 - 3 = 27$$

より、27個になりますね。

これより、白い小さな正三角形の数は、100 − 27 ＝ 73（個）で、中にできたすき間を埋めるために必要な枚数は73枚となります。よって、正解は「4」です。

正解 4

こんなイメージだね。

10個　10個

10個

　下図は円内の平面に 3 本の直線を引き、円内の平面を分割したところを表している。この円内に 5 本の直線を書き加えることによって分割される平面の最大の数として、最も妥当なのはどれか。

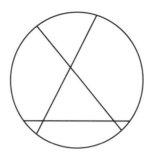

1．34
2．35
3．36
4．37
5．38

1　直線を書き加えてみよう

　まず、1 本直線を書き加えてみましょう。図 1 のように、既にある 3 本の直線のすべてに交わるように直線を引けば、直線 4 本で平面を最大の 11 に分割することができることが分かりますね。

図 1

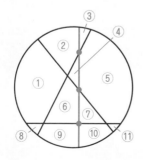

ポイント

下図のように、直線との交点が 1 つだと平面の数は 9、交点が 2 つだと 10 になって、最大にはならないよ。平面の数を最大にするには、交点を 3 つにする、つまりすべての直線と異なる点で交わるのがマスト！

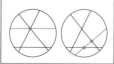

ここからさらに、4本の直線を書き加えるのは難しそうですよね。そこで、ここまでの平面の数の増え方について、規則性がないか探ってみましょう。

2 平面の増え方について規則性を探ろう

図2のように、円に直線を1本ずつ引いていき平面を数えます。

図2

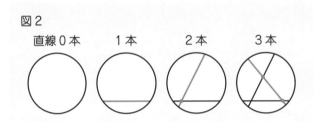

直線の順は決まっていないから、好きなところから引いていこう！

すると、平面の数は順に1，2，4，7となります。先ほど求めた直線が4本のときも含めて平面の数を数列にすると、次のようになります。

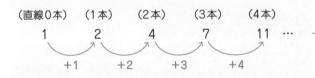

隣り合う項との差をとった数列を階差数列というよ。

この数列の階差数列は、1 2 3…、つまり初項1、公差1の等差数列になっているね。

平面の数は直線が1本増えるごとに、+1，+2，…と増えていることが分かりますね。求める平面の数は、円に直線を計8本引いたときなので、次のように求めることができます。

$$1 + (1 + 2 + 3 + 4 + 5 + 6 + 7 + 8) = 37$$

これより、円内に5本の直線を書き加えると最大で37の平面に分割され、正解は「4」となります。

正解 4

☑️ココをCHECK！

◆ 直線が増えると平面の数はどのように増えるのか、規則を探ろう。

◆ 等差数列の和の公式を使うもヨシ、すべて足して力技で解くもヨシ！ どちらの方法でもパッと答えが出るとなおヨシだね。

PRACTICE MAKES PERFECT！

$7^{17} + 3^{25}$ の一の位の数として、最も妥当なのはどれか。

1. 0
2. 2
3. 4
4. 6
5. 8

1 7^{17} について考えよう

　試験中に 7^{17} を計算する時間はありませんね。求めるのは一の位の数なので、十の位以上は無視して、7^1, 7^2, … の一の位だけを書き出して規則性を探ります。例えば、7^3 は 49 × 7 ですが、49 の十の位の「4」は一の位に影響しないので、一の位の「9」だけとって、9 × 7 を計算します。以降も同様です。

$$7^1 \rightarrow 7$$
$$7^2 \rightarrow 7 \times 7 = 49$$
$$7^3 \rightarrow 9 \times 7 = 63$$
$$7^4 \rightarrow 3 \times 7 = 21$$
$$7^5 \rightarrow 1 \times 7 = 7$$

　これより、7^5 で一の位が再び 7 になったので、一の位は、

$$7 \quad 9 \quad 3 \quad 1 \quad 7 \quad 9 \quad 3 \quad 1 \quad \cdots$$

と 4 つの数を繰り返していくことが分かりますね。
　7^{17} はこの数列の 17 番目ですね。17 ÷ 4 = 4 余り 1 で、17 番目は「7　9　3　1」の 1 番目の数ですから、一の位は「7」だと分かります。

2 3^{25} について考えよう

3^{25} についても同様に、3^1, 3^2, …の一の位を書き出します。

$$3^1 \rightarrow 3$$
$$3^2 \rightarrow 3 \times 3 = 9$$
$$3^3 \rightarrow 9 \times 3 = 27$$
$$3^4 \rightarrow 7 \times 3 = 21$$
$$3^5 \rightarrow 1 \times 3 = 3$$

3^5 で一の位が再び 3 となることから、一の位は、

$$3 \quad 9 \quad 7 \quad 1 \quad 3 \quad 9 \quad 7 \quad 1 \quad \cdots$$

という 4 つの数の繰り返しだと分かりますね。3^{25} はこの数列の 25 番目ですから、一の位は「3」です。

これより、7^{17} と 3^{25} の一の位を足すと、$7 + 3 = 10$ で、10 の一の位は「0」です。よって、$7^{17} + 3^{25}$ の一の位は 0 で、正解は「1」となります。

正解 1

7^{17} と同様に、25 ÷ 4 ＝ 6 余り 1　だから、25 番目は「3　9　7　1」の 1 番目の数で 3 だね。

✓ ココをCHECK！

◆ 一の位に規則性を見つけよう。

◆ 掛け算をする中で一の位だけを知りたいのであれば、十の位以上は無視して OK！

トレーニング **3**

99 までの正の整数のうち、3 で割ると 1 余る数の総和として、最も妥当なのはどれか。

1. 1000
2. 1246
3. 1334
4. 1425
5. 1617

1 数を書き出してみよう

3 で割ると 1 余る正の整数を小さい方から順に書き出すと、

$$1 \qquad 4 \qquad 7 \qquad 10 \quad \cdots$$

となり、初項 1，公差 3 の等差数列であることが分かります。等差数列の和の公式に必要な、末項と項数を求めましょう。

1 を忘れがち！ 1 ÷ 3 ＝ 0 余り 1 だからね。

等差数列の和＝（初項＋末項）×項数÷2
初項は分かっているから、あとは末項と項数が必要だね。

2 公式を利用して和を求めよう

末項、つまり 99 までの整数の中で、この条件を満たす最大の数を考えてみると、最も大きい 99 は、99 ÷ 3 ＝ 33 余り 0 となることから、98 は余り 2、97 が余り 1 になりますね。これより、末項は 97 と分かります。

また、項数は、それぞれの数を 3 で割ったときの商に注目すると、次のように考えることができます。

1 ÷ 3 ＝ 0 余り 1	4 ÷ 3 ＝ 1 余り 1	7 ÷ 3 ＝ 2 余り 1	10 ÷ 3 ＝ 3 余り 1	97 ÷ 3 ＝ 32 余り 1
1	4	7	10 ……	97
初項	第 2 項	第 3 項	第 4 項	第 33 項

商とは、割り算の答えのこと。

「商＋1＝項数」になっていることが分かりますね。よって、1から97までの項数は 32 ＋ 1 ＝ 33 となり、この数列の第33項までの和は、公式より次のように計算できます。

$$(1 + 97) \times 33 \div 2 = 1617$$

これより、求める総和は 1617 で、正解は「5」です。

正解 5

☑ ココをCHECK！

◆ 条件を満たす数を書き出して、規則性を見つけよう。

数列 $\dfrac{1}{1}$, $\dfrac{1}{2}$, $\dfrac{3}{2}$, $\dfrac{1}{3}$, $\dfrac{3}{3}$, $\dfrac{5}{3}$, $\dfrac{1}{4}$, $\dfrac{3}{4}$, $\dfrac{5}{4}$, $\dfrac{7}{4}$, $\dfrac{1}{5}$ ……において、この数列の第100項の数として、最も妥当なのはどれか。

1. $\dfrac{17}{14}$

2. $\dfrac{7}{12}$

3. $\dfrac{19}{14}$

4. $\dfrac{20}{12}$

5. $\dfrac{21}{14}$

1　数列のグループ分けをしよう

　分母をみると、1が1つ、2が2つ、3が3つ…と並んでいるのが分かりますね。そこで、数列を分母ごとに①, ②, …とグループ分けをしてみます。

$$\underset{①}{\dfrac{1}{1}},\;\middle|\;\underset{②}{\dfrac{1}{2},\;\dfrac{3}{2}},\;\middle|\;\underset{③}{\dfrac{1}{3},\;\dfrac{3}{3},\;\dfrac{5}{3}},\;\middle|\;\underset{④}{\dfrac{1}{4},\;\dfrac{3}{4},\;\dfrac{5}{4},\;\dfrac{7}{4}},\;\middle|\;\dfrac{1}{5},\;\cdots$$

　分母の値と①, ②…の番号は一致しますので、第100項が何番目のグループに含まれるか分かれば、分母が決まりますね。

　ここで、さらに項数に注目すると、①の項数は1、①～②の項数は $1 + 2 = 3$、①～③の項数は $1 + 2 + 3 = 6$ …となっていますね。このまま続けていくと、⑩までの項数は $1 + 2 + \cdots\cdots + 10 = 55$、⑪までの項数は、⑩までの項数 $+ 11 = 66$ となり、以降、さらに続けていくと次のようになります。

ヒトコト

1から10までを足すと55。覚えておくと便利だよ。

⑫までの項数　66 + 12 = 78
⑬までの項数　78 + 13 = 91
⑭までの項数　91 + 14 = 105

これより、第 100 項は⑭に含まれ、分母は 14 であることが分かります。

2　グループの中を考えよう

次に、分子の並び方に注目すると、1, 3, 5, …と奇数が続いていることが分かります。⑬のグループの最後が第 91 項なので、⑭のグループは第 92 項から次のような数列になります。

92 項	93 項	94 項	
$\dfrac{1}{14}$,	$\dfrac{3}{14}$,	$\dfrac{5}{14}$	…

これを第 100 項まで数えていくと、分子は 17 です。

よって、第 100 項は $\dfrac{17}{14}$ で、正解は「1」です。

正解 1

分子だけ並べると、
第 92 項→ 1
第 93 項→ 3
第 94 項→ 5
第 95 項→ 7
第 96 項→ 9
第 97 項→ 11
第 98 項→ 13
第 99 項→ 15
第 100 項→ 17

分子の数列は初項 1, 公差 2 の等差数列だから、この数列の 9 番目は、1 + 2 × (9 − 1) = 17 と求めてもモチロン OK！

✅ココをCHECK！

◆ 分母ごとにグループ分けをして、まずはどのグループに含まれるのかを考えよう。

◆ グループ（分母）が分かったら、次はそのグループで何番目になるのかを数えて、分子を求めよう。

トレーニング 5

ある規則性をもつ次のような数列がある。

$$\frac{2}{3} \quad \frac{1}{2} \quad \frac{4}{9} \quad \frac{5}{12} \quad \frac{2}{5} \quad \cdots\cdots$$

この数列の第 n 項において、はじめて $\frac{8}{23}$ が現れるとき、n の値として、最も妥当なのはどれか。

1. 21
2. 22
3. 23
4. 24
5. 25

1　数列の規則性を見つけよう

この数列の規則性は何でしょう？　トレーニング4のように、分子や分母の並びをみても、すぐに分かるようなことはなさそうですよね。

この問題は、まず初項と第3項，第4項に注目します。この3つの項をみると、分子が1ずつ、分母が3ずつ増えれば、等差数列になりそうです。

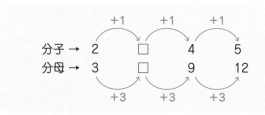

この規則性でいくと、第2項は分子が3で分母が6、つまり、$\frac{3}{6}$ となりますが、第2項は $\frac{1}{2}$ ですね。ここで、$\frac{3}{6}$ と $\frac{1}{2}$ の関係をみると、$\frac{3}{6} = \frac{1}{2}$ となり、問題文と一致することが分かります。

この問題は規則性が分かりにくいよね。過去問でこのような難題はあまり見かけないけど、実際の試験で出題されてしまったとき、いくつか試しても規則性が見つからなければ、パスして先の問題に進もう！　気付いたら時間がたっていた〜!! なんてことにならないようにね。

分母をみると、3，9，12で、九九の3の段になりそうだよね。

では、第 5 項はどうでしょうか。先ほどの規則性で考えると、分子が 6、分母が 15 で、$\dfrac{6}{15} = \dfrac{2}{5}$ となり、こちらも問題文と一致しますね。

これより、分子は初項 2，公差 1 の等差数列、分母は初項 3，公差 3 の等差数列であることが分かりました。

2 第 n 項を考えよう

分子と分母の第 n 項は、等差数列の公式より次のようになります。

分子　$2 + 1 \times (n - 1) = 2 + n - 1 = n + 1$
分母　$3 + 3 \times (n - 1) = 3 + 3n - 3 = 3n$

ポイント

公式を使わずに、分子は n より 1 大きい数だから $n + 1$、分母は 3 を掛けて $3n$ としても OK！

よって、第 n 項は $\dfrac{n + 1}{3n}$ で、これが $\dfrac{8}{23}$ と等しいことから、次のように計算できます。

$$\frac{n + 1}{3n} = \frac{8}{23} \qquad これを解いて、n = 23$$

これより、n の値は 23 となり、正解は「3」です。

正解 3

計算スルゾ

両辺に $3n \times 23$ を掛けて、
$23(n + 1) = 8 \times 3n$
$23n + 23 = 24n$
$-n = -23$
よって、$n = 23$

✓ ココをCHECK！

◆ 隣同士の項で規則性が見つからないときは、いくつかの項から規則性を探してみよう！
◆ 分数の数列は、分子と分母に分けてそれぞれを考えるのもアリ。

13 n進法

「n進法 → 10進法」と「10進法 → n進法」の変換する計算方法が分かっていれば、簡単に解ける問題も多いです。判断推理の暗号とのコラボ問題にもチャレンジしましょう。

頻出度
警察 ★★★★☆
消防 ★★★☆☆

キソ知識 **1** n進法

　私たちは普段何気なく、0から9の10個の数を使い、10ごとに繰り上がる「10進法」を使っています。これに対して、例えば0, 1の2個の数を使い、2ごとに繰り上がることを「2進法」、0, 1, 2の3個の数を使い、3ごとに繰り上がることを「3進法」といい、n個の数を使い、nで繰り上がることを「n進法」といいます。

　例えば、10進法、2進法、3進法について、0から順に書いていくと次のようになります。

10進法 (0〜9)	2進法 (0, 1)	3進法 (0, 1, 2)
0	0	0
1	1	1
2	10	2
3	11	10
4	100	11
5	101	12
6	110	20
7	111	21
8	1000	22
9	1001	100

キソ知識 **2** n 進法 → 10 進法への変換 ✓

　10 進法は 10 ごとに繰り上がるので、例えば 10 進法の 234 は、100（= 10^2）を 2 個、10（= 10^1）を 3 個、1 を 4 個足した数だと考えて、次のように表すことができますね。

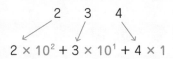

$$2 \times 10^2 + 3 \times 10^1 + 4 \times 1$$

　同様に考えると、5 進法は 5 ごとに繰り上がり、5 進法の 234 は 5^2 を 2 個、5^1 を 3 個、1 を 4 個足した数だと考えて、

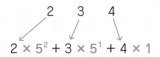

$$2 \times 5^2 + 3 \times 5^1 + 4 \times 1$$

> 10 進法は下から 1 の位、10（= 10^1）の位、100（= 10^2）の位というね。5 進法だったら、下から 1 の位、5^1 の位、5^2 の位というよ。

と表すことができます。5^1, 5^2 は 5 進法の位を 10 進法で表したものなので、この計算は 5 進法の 234 から 10 進法の数への変換といえます。したがって、5 進法の 234 を 10 進法にするには、1 の位から順に 1, 5^1, 5^2 を掛け、それらを足して求めます。

$$2 \times 5^2 + 3 \times 5^1 + 4 \times 1 = 50 + 15 + 4 = 69$$

　よって、5 進法の 234 は 10 進法に変換すると 69 となります。

今度は、10進法の69を5進法の234に戻してみましょう。69を5ずつまとめて5進法にしていくので、5で割っていきますよ。

$$69 ÷ 5 = 13\cdots4 \quad \cdots①$$

この余りの4は1の位に残り、13は5^1の位に繰り上がります。さらに13を5で割って、

$$13 ÷ 5 = 2\cdots3 \quad \cdots②$$

となり、余りの3は5^1の位に残り、2は5^2の位に繰り上がり、10進法の69は5進法の234に戻りました。

この計算を次のように書きます。

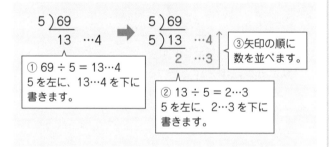

ポイント

10進法からn進法への変換は、nで割って余りを残す、さらに商をnで割る……を繰り返し、一番下の商からこの順に数を並べればOK!

試験では、私たちが使い慣れている10進法を中心に計算する場面が多くあります。「n進法 → 10進法」は1,n^1, n^2…を掛け、「10進法 → n進法」はnで割っていく計算のイメージを頭に叩き込みましょう。

2018 年　東京消防庁 I 類

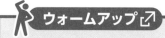

ウォームアップ

　5 進法で表された数 2222 と 3 進法で表された数 2222 との差を 6 進法で表した数として、最も妥当なのはどれか。

1. 542
2. 1024
3. 1104
4. 1142
5. 1201

1　5 進法，3 進法 → 10 進法へ

　5 進法と 3 進法の数をそのまま引くことはできません。さらに、直接 6 進法に変換することもできないので、このような問題は次の順序で計算していきます。

　5 進法，3 進法 → 10 進法へ → 10 進法で差を求める
　→ 答えを 6 進法へ

・5 進法 → 10 進法

　まず、5 進法の 2222 を 10 進法にします。1 の位から順に 1，5^1，5^2，5^3 を掛けて、それらを加え、次のように計算します。

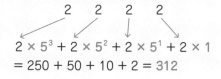

$$2 \times 5^3 + 2 \times 5^2 + 2 \times 5^1 + 2 \times 1$$
$$= 250 + 50 + 10 + 2 = 312$$

　これより、5 進法の 2222 は 10 進法の 312 と分かります。これを、$\underline{2222_{(5)} = 312}$ と書きます。

・3 進法 → 10 進法

　次に、3 進法の 2222 を 10 進法にします。5 進法と同

左辺の (5) は数学でよく使われる書き方で、5 進法であることを表すよ。10 進法の場合は特に何も書かなくて OK。

様に 1, 3^1, 3^2, 3^3 を掛けて次のように計算すると、
$2222_{(3)} = 80$ となりますね。

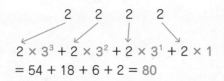

$$2 \times 3^3 + 2 \times 3^2 + 2 \times 3^1 + 2 \times 1$$
$$= 54 + 18 + 6 + 2 = 80$$

これで2つの数が10進法になり、10進法における2つの数の差は、$312 - 80 = 232$ と分かります。

10進法の引き算はいつもしているフツーの計算だよ。

2 10進法 → 6進法へ

では、10進法の232を6進法にしましょう。6で割って商と余りを書く、を繰り返します。

```
6 ) 232
6 )  38  …4 ↑
6 )   6  …2
      1  …0
```

6でどんどん割っていくよ。
$232 \div 6 = 38 \cdots 4$
$38 \div 6 = 6 \cdots 2$
$6 \div 6 = 1 \cdots 0$
余りを書くのを忘れずに！

これより、⌐↑この矢印の順に書くと1024となり、

$$232 = 1024_{(6)}$$

が分かります。

よって、求める数は1024となり、正解は「2」です。

正解 2

✓ ココをCHECK！

◆ 3進法と5進法の数をそのまま引くことはできない。3進法と5進法を直接6進法にすることもできない。だから、5進法，3進法 → 10進法 → 6進法と計算しよう。

208

4 進法で 123 と表される数と 3 進法で 210 と表される数の和を 2 進法で表したときの値として、正しいのはどれか。

1. 100100
2. 101000
3. 101010
4. 110000
5. 111000

1 4 進法, 3 進法 → 10 進法へ

ウォームアップの類題です。次のように、4 進法の 123 と 3 進法の 210 を 10 進法にしてから、和を求めましょう。

$$123_{(4)} = 1 \times 4^2 + 2 \times 4^1 + 3 \times 1 = 16 + 8 + 3 = 27$$
$$210_{(3)} = 2 \times 3^2 + 1 \times 3^1 + 0 \times 1 = 18 + 3 + 0 = 21$$

よって、10 進法で 2 つの和を求めると、27 + 21 = 48 となります。

2 10 進法 → 2 進法へ

次に、10 進法の 48 を 2 進法にします。

```
2 )  48
2 )  24   …0 ↑
2 )  12   …0
2 )   6   …0
2 )   3   …0
      1   …1
```

これより、48 = 110000(2) となり、求める値は 110000
で、正解は「4」です。

正解 4

☑ ココをCHECK！

◆ 「4進法 → 10進法」だったら 4 を掛けていく計算、「10進法
 → 2進法」だったら 2 で割っていく計算をしよう。

この章のウォームアップは東京消防庁、トレーニング
1 の問題は警視庁の問題だけど、ほぼ同じ内容だね。
公務員試験では、類題が出題されるのはよくあること
だから、志望先に関わらず、どの問題も学習しよう！

　10進法で表された数84をN進法（Nはある自然数）で表すと124となるとき、10進法の数字をN進法で表してあるものとして、最も妥当なのはどれか。

	10進法		N進法
	84	→	124

	10進法		N進法
1.	62	→	64
2.	205	→	315
3.	343	→	570
4.	404	→	702
5.	1252	→	2596

1　Nの値を求めよう

　10進法の84がN進法の124ならば、もちろんN進法の124は10進法の84ですね。これを式にすると次のようになります。

$$124_{(N)} = 1 \times N^2 + 2 \times N^1 + 4 \times 1 = 84$$
　これを整理して、$N^2 + 2N + 4 = 84$

　Nの2次方程式になりましたね。これを解くと、$N = 8$となり、8進法であることが分かりました。

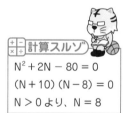

計算スルゾ

$N^2 + 2N - 80 = 0$
$(N + 10)(N - 8) = 0$
$N > 0$ より、$N = 8$

では、選択肢の10進法の数を8進法にして、一致するか確認しましょう。

1.
$$8\,)\,\underline{62}$$
$$7 \cdots 6$$
$62 = 76_{(8)}$ ×

実際の試験だったら、肢2の答えが出たところでこの問題は終了！次の問題へいこう。

2.
$$8\,)\,\underline{205}$$
$$8\,)\,\underline{25} \cdots 5$$
$$3 \cdots 1$$
$205 = 315_{(8)}$ ○

3.
$$8\,)\,\underline{343}$$
$$8\,)\,\underline{42} \cdots 7$$
$$5 \cdots 2$$
$343 = 527_{(8)}$ ×

4.
$$8\,)\,\underline{404}$$
$$8\,)\,\underline{50} \cdots 4$$
$$6 \cdots 2$$
$404 = 624_{(8)}$ ×

5.
$$8\,)\,\underline{1252}$$
$$8\,)\,\underline{156} \cdots 4$$
$$8\,)\,\underline{19} \cdots 4$$
$$2 \cdots 3$$
$1252 = 2344_{(8)}$ ×

8進法は0～7の8つの数字で表されるから、肢5は「2596」の9がある時点で誤り。これに気付けば計算はいらないね。

これより、10進法の205を8進法で表すと315となり、正解は「2」です。

正解 2

☑ココをCHECK！

◆「N進法 → 10進法」でも計算は同じ。一の位から順に、1，N^1，N^2 を掛けてそれらを足せば10進法になるね。

トレーニング 3

　ある暗号で、「ＲＥＤ」は「200，12，11」、「ＧＲＡＹ」は「21，200，1，221」と表すことができる。同じ暗号で「ＰＩＮＫ」を表したものとして、最も妥当なのはどれか。

1.「121，100，112，102」
2.「211，111，102，122」
3.「110，100，210，　22」
4.「112，　11，111，120」
5.「200，　21，202，112」

---

1 暗号を解こう

　おまけとして、判断推理の「暗号」の問題を載せます。実は、この問題は n 進法を使って解きます。

　まず、数字の暗号を見ると、0，1，2の3種類しか出てこないことから、この暗号が3進法であると推測します。

　3進法のままでは規則性が見つからないので、10進法にしてアルファベットと照らし合わせてみると、次のようになります。

このように、n 進法の暗号問題は、10進法にすると解けることがよくあるんだ。

　「ＲＥＤ」
$200_{(3)} = 2 \times 3^2 + 0 \times 3^1 + 0 \times 1 = 18 \cdots$ R
$12_{(3)} = 1 \times 3^1 + 2 \times 1 = 5 \cdots$ E
$11_{(3)} = 1 \times 3^1 + 1 \times 1 = 4 \cdots$ D

　「ＧＲＡＹ」
$21_{(3)} = 2 \times 3^1 + 1 \times 1 = 7 \cdots$ G
$200_{(3)} = 2 \times 3^2 + 0 \times 3^1 + 0 \times 1 = 18 \cdots$ R
$1_{(3)} = 1 \cdots$ A
$221_{(3)} = 2 \times 3^2 + 2 \times 3^1 + 1 \times 1 = 25 \cdots$ Y

　Aが1、Dが4、Eが5となったことから、10進法の数がアルファベットの順番を表していると推測できます。つまり、この暗号はアルファベットの順番を3進法で表したものです。

　PINKをこの暗号で表すには、それぞれのアルファベットが何番目かを確認して、その番号を3進法にすればよいですね。では、実際に暗号にしてみましょう。

ヒトコト

Pの暗号だけで、肢1が決まるね。

・P　16番目　　3) 16
　　　　　　　　3) 5 …1
　　　　　　　　　　1 …2　　　16 = 121(3)

・I　9番目　　　3) 9
　　　　　　　　3) 3 …0
　　　　　　　　　　1 …0　　　9 = 100(3)

・N　14番目　　3) 14
　　　　　　　　3) 4 …2
　　　　　　　　　　1 …1　　　14 = 112(3)

・K　11番目　　3) 11
　　　　　　　　3) 3 …2
　　　　　　　　　　1 …0　　　11 = 102(3)

　これより、「PINK」を暗号で表すと「121，100，112，102」となり、正解は「1」です。

正解 1

✓ **ココをCHECK！**

◆ 暗号に0，1，2の3種類の数しか出てこないことから、3進法だと推測しよう。

覆面算は目のつけどころをマスターして、コツをつかみましょう。魔方陣は特徴を利用して簡単に解ける問題が多くあります。

頻出度
警察 ★★ ★ ★ ★
消防 ★★ ★ ★ ★

2019年 東京消防庁Ⅰ類

次の計算式のA～Eには、それぞれ0～9のうち異なる整数が当てはまる。Bに当てはまる整数として、最も妥当なのはどれか。ただし、同一の記号には同一の整数が当てはまるものとする。

$$
\begin{array}{r}
A\ B\ C\ D \\
+\ D\ A\ B\ E \\
\hline
D\ E\ C\ A\ D
\end{array}
$$

1. 1
2. 3
3. 5
4. 7
5. 9

1 数が決まるところからスタートしよう

足し算の「覆面算」の問題です。A～Eの中で、当てはまる数がパッと決まるところが2つあるので、1つずつ確認しましょう。

まずは図1です。この筆算は4桁と4桁の整数の足し算ですが、答えは5桁ですね。4桁同士の足し算で20000以上になることはないので、答えの万の位がD＝1に決まります。

また、一の位に注目すると、1＋E＝1よりE＝0に決まります。すべてのDを1に、すべてのEを0に書き換

ナンデ
最大でも9999＋9999＝19998だから、絶対に20000には届かないよね。

ヒトコト
数が決まったところから書き換えていこう！すると、次のヒントが見つかるよ。

えましょう。

図1

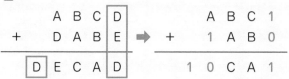

```
    A B C D      |E|          A B C 1
+   D A B|E|   ➡   +   1 A B 0
  ─────────            ─────────
 |D|E C A|D|          1 0 C A 1
```

2 他の数についても考えよう

　次に、千の位をみてみましょう（図2）。百の位から繰り上がりがないときは、A＋1＝10よりA＝9、百の位から1繰り上がるときは、1＋A＋1＝10よりA＝8となりますね。これより、ここで場合分けをしましょう。

図2

```
    A B C 1
+   1 A B 0
  ─────────
 1 0 C A 1
```

ヒトコト

足し算の覆面算では、繰り上がりに気を付けて！

・A＝9の場合（百の位からの繰り上がりナシ）

　A＝9を書き換えると図3になります。百の位は繰り上がらないので、B＋9＝Cとなる必要がありますが、これを満たすB，Cはありません。よって、この場合は計算式が成立しません。

図3

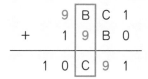

```
    9 B C 1
+   1 9 B 0
  ─────────
 1 0 C 9 1
```

ナンデ

B＝0，C＝9はダメだよ。BとE、CとAが同じ数になるからね。

・A＝8の場合（百の位からの繰り上がりアリ）

　A＝8を書き換えると（図4）、十の位は<u>C＋B＝8</u>、百の位は<u>B＋8＝10＋C</u>となりますね。

　<u>2つの式</u>を<u>連立して解く</u>と、B＝5，C＝3となり、図4のように計算式が完成します。

図4

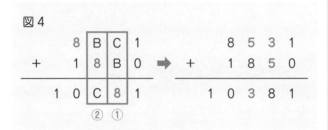

これより、B＝5となり正解は「3」です。

正解 3

✓ココをCHECK！

◆ 当てはまる数が決まるところからスタート。決まったところを手がかりにして次の数を順に探り、繰り上がりに気を付けて数を埋めていこう。

　次の計算式は、A からG に1から9のいずれかの数字を重複しないようにあてはめることで成り立つ。このとき、D とG の積として、最も妥当なのはどれか。

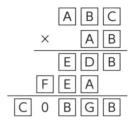

1. 28
2. 36
3. 18
4. 63
5. 41

1　数が決まるところからスタートしよう

　掛け算の「覆面算」も、足し算同様、当てはまる数がパッと決まるところを探します。

　まず、ウォームアップと同様、万の位に注目すると、C ＝1と分かりますね。また、千の位は0ですから、百の位から1繰り上がって1＋F ＝10となり、万の位に1繰り上がったことが分かります。よって、F ＝9となりますね（図1）。

ウォームアップで確認した繰り上がりの考え方だね。

図1

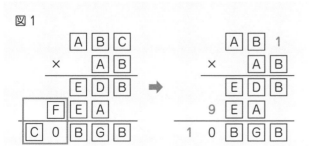

次に、図2の9EAについてみると、AB1×A＝9EA
となり、AB1とAを掛けた結果、百の位が9になったこ
とが分かります。9はA×Aで求められた値なので、こ
れを満たすのはA＝3しかありません。

9EAは3桁の数を表
すよ。

図2

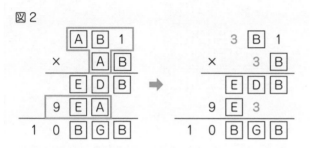

計算式の中でどこかに
ヒントがないか、掛け
算やタテの足し算など
に注目してみよう！

さらに、図2で計算を進めると、3B1 × 3 ＝ 9E3と
なり、十の位からB×3＝Eが分かります。B, Eはとも
に1桁の数ですから、B＝2, E＝6に決まりますね。
　最後に、321 × 32を計算して図3のように計算式が完
成し、D＝4, G＝7が分かります。

C＝1, A＝3がすで
に決まっているから1
と3はナシ。また、B
が4以上だと、3を掛
けたらEが2桁になっ
ちゃうよね。

図3

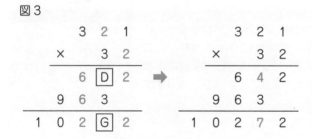

　これより、ＤとＧの積は 4 × 7 = 28 で、正解は「1」
です。

正解 1

☑ココをCHECK！

◆ 掛け算も、当てはまる数が決まるところからスタート。

◆ 掛け算やタテの足し算などに注目して、計算式の中にヒントを
　見つけよう。

　下の式中の□に0〜9の整数を重複を許して当てはめ、式を完成させた場合、式中の上部にある□□□に入る三つの数の和はいくつか。

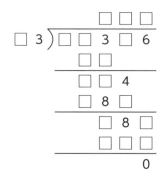

1. 5
2. 6
3. 7
4. 8
5. 9

1　数が決まるところからスタートしよう

　割り算の「覆面算」も、数がパッと決まるところからスタートです。

　はじめに、図1の①は数を下ろすだけなので、上下で同じ数になります。また、②は上の数から下の数を引いて0になるので、上下で同じ数と分かり、これらを書き加えます。

解説を読むだけだと分かりにくいかもしれないね。読みながら自分でも筆算を書くと理解が深まるよ！

図1

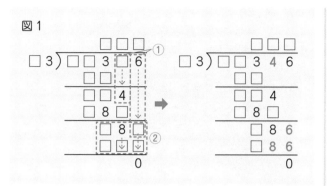

2 他の数についても考えよう

ここで、図1②で書き加えた86に注目しましょう。図2のように、この86は□3×□=□86より求められた値で、一の位は3×□=6となったわけですね。これを満たすのは3×2＝6のみですから、□3×2＝□86と分かります。

さらに、2桁の数を2倍して200以上になることはないので、□3×2＝186に決まり、186÷2＝93より、93×2＝186となります。

図2

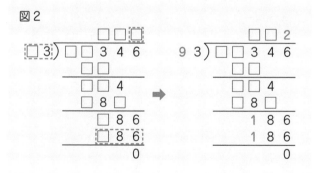

3 × 0 ＝ 0
3 × 1 ＝ 3
3 × 2 ＝ 6
　　⋮
と1つずつ試してみて。

99 × 2 ＝ 198 だから、絶対200には届かないね。

次に、図３①の一の位ですが、４は８より小さいので、十の位から繰り下がりで、14 − □ = 8 になったと分かります。これより、□ = 6 で、①は□□4 − □86 = 18 となりますね。

　さらに、□86 について、今度は②に注目すると 93 × □ = □86 となり、図２のときと同様に 93 × 2 = 186 と分かります。

図３

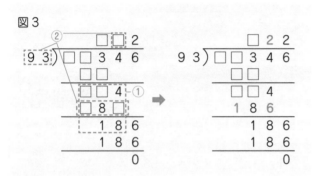

　続いて、図４の①（図３の①と同じ場所）は、□□4 − 186 = 18 より、□□4 = 18 + 186 = 204 です。

　②は 93 × □ = □□ですが、93 に２以上を掛けると３桁になってしまうので、93 × 1 = 93 に決まります。

図４

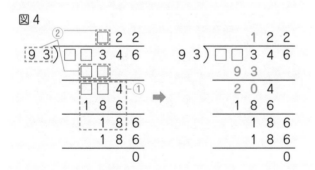

ヒトコト

図４までで答えは出るけど、最後まで式を完成させてみよう。試験だったら、答えが出ればそれで OK。

224

最後に、図5より、□□3 − 93 = 20 ですね。□□3 = 20 + 93 = <u>113</u> となり、式の完成です。

図5

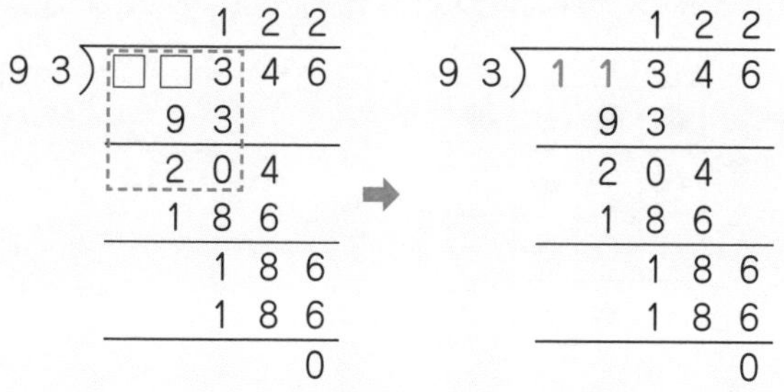

```
              1 2 2                      1 2 2
    9 3 ) □ □ 3 4 6          9 3 ) 1 1 3 4 6
          9 3                        9 3
          2 0 4        ➡             2 0 4
          1 8 6                      1 8 6
          1 8 6                      1 8 6
          1 8 6                      1 8 6
                0                          0
```

これより、式の上部にある□は 1, 2, 2 で、和は 5 となり、正解は「1」です。

正解 1

☑ココをCHECK！

◆ 割り算の覆面算はかなり複雑だけど、掛け算や引き算をうまく利用して解こう！

トレーニング 3

　図のような 1 ～ 16 までの異なる数字を使った魔方陣があり、縦，横，対角線に並ぶ数字それぞれの合計は等しいが、A，B，●の部分は数字が隠されていて見えない。このとき、AとBの数字の和として、最も妥当なのはどれか。

●	●	5	●
14	7	●	A
B	6	●	3
1	●	●	13

1.　13
2.　15
3.　17
4.　19
5.　21

1　4 つの合計を求めよう

　「魔方陣」とは、正方形のマスの中に異なる数字を入れて、タテ・ヨコ・対角線のそれぞれの数の合計（和）がいずれも同じになるものをいいます。その中でも最もポピュラーなのが、この問題にあるような 1 ～ 16 の数を使った 4 × 4 の魔方陣です。

　まず、1 列に並ぶ 4 つの数の合計を求めます。4 つの数の合計を x とすると、16 マスすべての合計は $4x$ となります。

　また、1 ～ 16 の和は初項 1，公差 1 の等差数列の第 16 項までの和と考えると、公式から、$(1 + 16) \times 16 \div 2 = 136$ です。これより、x を次のように求めます。

$$4x = 136　よって、x = 34$$

よって、1 列に並ぶ 4 つの数の合計は 34 と分かります。

例えばヨコのマスで見ると、ヨコ 4 つの合計が x だから、すべての合計は $4x$ だね。

12 章キソ知識 2 を参照！

2 魔方陣の特徴を利用しよう

　1 〜 16 の数字を使った 4 × 4 の魔方陣では、中心に対して点対称の位置にある 2 数の和は 17 であることが多いという特徴があります。

　「多い」というだけで、魔方陣のすべてがそうではないのですが、公務員試験ではほとんどの問題がこれで解けるので、ぜひ覚えてください。

　この特徴に従うと、図 1 のように A と B はまさに点対称の位置にあるので、A ＋ B ＝ 17 と答えが出ました。

> これを覚えておくと、とても便利！ 17 は 34 （4 つの数の合計）の半分の数だよ。
> ちなみに、点対称とは、中心に対して真逆の位置のことだよ。

図 1

●	●	5	●
14	7	●	A
B	6	●	3
1	●	●	13

　念のため、これで合っているかどうかすべての数を求めてみましょう。

　魔方陣の●の部分を図 2 のように、C 〜 I とおきます。

図 2

C	D	5	E
14	7	F	A
B	6	G	3
1	H	I	13

点対称の位置関係で、次の数が求められます。

・C ＋ 13 ＝ 17　C ＝ 4　　　・E ＋ 1 ＝ 17　E ＝ 16
・F ＋ 6 ＝ 17　F ＝ 11　　　・7 ＋ G ＝ 17　G ＝ 10
・5 ＋ H ＝ 17　H ＝ 12

227

また、その他の数は、ヨコの4つの数の和が34である
ことから、次のように求められます。

・4＋D＋5＋16＝34　　D＝9
・14＋7＋11＋A＝34　　A＝2
・B＋6＋10＋3＝34　　B＝15
・1＋12＋I＋13＝34　　I＝8

数をすべて図2に書き加えると図3のようになり、確
かに1～16の異なる数字で、タテ・ヨコ・対角線のそれ
ぞれの和は34になりますね。よって、AとBの和は17で、
正解は「3」です。

これで合っていたけ
ど、矛盾が出る場合は
方程式を利用して別解
のように解こう。

図3

4	9	5	16
14	7	11	2
15	6	10	3
1	12	8	13

別解

　魔方陣の特徴を使って解いた結果、同じ数が2マス以上
あったり、和が34にならなかったりという矛盾があった
ときは、次のように方程式を利用します。
　まず、図1のAを含むタテとヨコの数の合計から次の式
が成り立ちます。

E＋A＋3＋13＝34
これより、A＋E＝18　…①
14＋7＋F＋A＝34
これより、A＋F＝13　…②

　①はAとEの式、②はAとFの式ですから、もう1つ、
EとFの式を立てて、連立方程式にします。
　EとFを含む対角線の数の合計から、次の式が成り立ち

ます。

$$E + F + 6 + 1 = 34$$

これより、$E + F = 27$ …③

①，②，③を連立して解くと、$A = 2$ となります。

続いて、Bを含むタテとヨコの数の合計と、C，Gを含む対角線から次の式が成り立ちます。

$$C + 14 + B + 1 = 34$$

これより、$B + C = 19$ …④

$$B + 6 + G + 3 = 34$$

これより、$B + G = 25$ …⑤

$$C + 7 + G + 13 = 34$$

これより、$C + G = 14$ …⑥

④，⑤，⑥を連立して解き、$B = 15$ です。

これより、AとBの数字の和は $2 + 15 = 17$ となり、正解は「3」です。

正解 3

計算スルゾ

①+②+③より
$2A + 2E + 2F = 58$
よって、
$A + E + F = 29$
これから③を引くと、
$A = 2$

計算スルゾ

④+⑤+⑥より
$2B + 2C + 2G = 58$
よって、
$B + C + G = 29$
これから⑥を引くと、
$B = 15$

☑ ココをCHECK！

◆ 1〜16の4×4の魔方陣では、中心に対して点対称の位置関係にある2数の和が17であることが多いから、まずはこれで合うか試してみよう。合わないときはタテ・ヨコ・対角線のそれぞれの数の和がいずれも同じことから方程式を作ろう。

角度に関する定理は、問題を解くうえでどれも必要です。多くの定理がありますが、文や式を図と照らし合わせて覚えて、使いこなせるようにしましょう。

頻出度
警察 ★★☆☆☆
消防 ★★★★☆

キソ知識 1 n角形の内角と外角 ✓

三角形の内角の和は 180° で、外角はその角と隣り合わない 2 つの内角の和に等しくなります。図 1 で確認しましょう。

図1

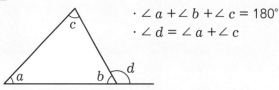

・$\angle a + \angle b + \angle c = 180°$

・$\angle d = \angle a + \angle c$

図 2 のように、n 角形の内角の和は、180° に $(n - 2)$ を掛けた値です。また、外角の和は n に関わらず 360° です。六角形でも百角形でも、何角形であっても 360° です。

図2

・n 角形の内角の和　$180° \times (n - 2)$

・n 角形の外角の和　常に 360°

内角

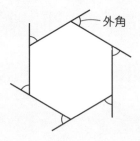

外角

ナンデ❓

例えば、五角形だったら下図のように①～③の 3 つの三角形に分けられるね。「五角形の内角の和＝三角形①～③の内角の和」、つまり三角形 3 つ分になるよ。

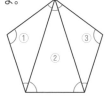

五角形の内角の和
＝ 180° × 3 ＝ 540°

ヒトコト

n には整数が入るよ。五角形とか十角形とかね。

キソ知識 2 平行線と角度

図3のように直線 ℓ と m が平行のとき、$\angle a$ と $\angle b$ は
対頂角、$\angle a$ と $\angle c$ は同位角、$\angle b$ と $\angle c$ は錯角の関係で
あるといい、それぞれ等しくなります。

図3

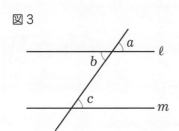

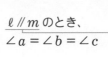

$\ell /\!/ m$ のとき、
$\angle a = \angle b = \angle c$

「$/\!/$」は平行を表すよ。

キソ知識 3 円周角と中心角

続いて、円に関する角度の話です。図4の $\angle a$, $\angle b$,
$\angle c$ を弧ABに対する円周角といい、同じ弧に対する円周
角はどれも等しくなります。

図4

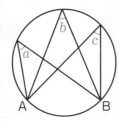

$\angle a = \angle b = \angle c$

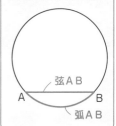

AとBの間の円周部分
を弧ABというよ。ち
なみに、AとBを結ん
だ直線は弦ABだね。

弦AB

A　　　　B

弧AB

また、図5の∠bを弧ABに対する**中心角**といい、同じ弧に対する円周角は中心角の半分の大きさになります。

特に、図6のようにABが円の中心を通るとき、ABは直径で中心角は180°なので、円周角はその半分の90°になります。

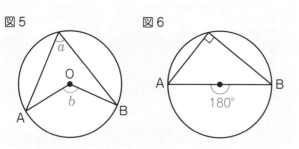

図5　　　　　　　図6

- ∠a = $\dfrac{1}{2}$ ∠b
- ABが中心を通るとき、円周角 = 90°

円の角度の問題で、中心を通る直線があったら、円周角 = 90° を使う可能性が高いよ！

キソ知識 4 円と接線

図7のように、円の外にある点Cから2つの接線を引くと、この点から2つの接点までの距離は等しくなります。また、円の接線（CA，CB）は接点A，Bと中心を結ぶ半径と垂直になります。

図7

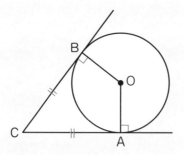

- CA = CB
- OA⊥CA，OB⊥CB

「⊥」は垂直を表すよ。

また、図8のように、円の接線と弦ＡＢがなす角は、弧
ＡＢに対する円周角と等しくなります。これを接弦定理と
いいます。

図8

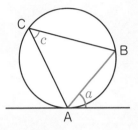

$\angle a = \angle c$

ヒトコト

図8のような形、つま
り円と接線、円の中に
三角形があったら、接
弦定理を疑うべし！

キソ知識 5 円と四角形

　最後に、円に内接する四角形についてです。図9のよう
に、向かい合う内角の和は 180° となります。
　外角は、例えば∠cの外角（∠e）は、∠cの向かい合
う角（∠a）と等しくなります。

図9

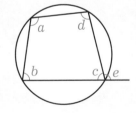

・∠a + ∠c = 180°
　∠b + ∠d = 180°
・∠e = ∠a

ナンデ

∠a+∠c=180°より、
∠a=180°−∠c
∠c+∠e=180°より、
∠e=180°−∠c
よって、∠a=∠eだね。

下の図において、点Oは円の中心、A，B，C，D，Eは円周上の点、∠ACBの角度は35°であるとき、∠BEDの角度として、最も妥当なのはどれか。

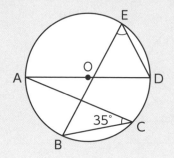

1. 35°
2. 45°
3. 55°
4. 65°
5. 75°

1　まずADに注目しよう

　ADが円の中心を通っていることから、円周角＝90°を使うのでは……と考えて、図のようにAEに補助線を引くと、∠AED＝90°となります。よって、∠BED＝90°－∠AEBで求められますね。

円周角と中心角についてはキソ知識❸をチェック！

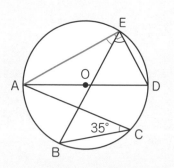

2 ∠AEBを求めよう

∠AEBは弧ABに対する円周角ですから、∠AEB＝∠ACB＝35°となります。

これより、

$$∠BED = 90° - 35° = 55°$$

となり、正解は「3」です。

☑ココをCHECK！

◆ 中心を通っている直線があったら、円周角＝90°を思い出そう。

◆ 同じ弧に対する円周角はどれも等しいので、これも使えないかチェックしよう！

トレーニング **1**

下の図のように円Ｏの円周上の点Ｐから円Ｏの中心を通る直線を引き、この直線と円Ｏの円周上の点Ａを通る接線ＴＴ′との交点をＢとしたところ、∠ＰＡＴ＝67°であった。このとき、∠ＰＢＡの角度として、最も妥当なのはどれか。

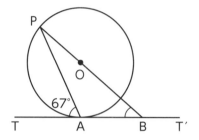

1. 40°
2. 41°
3. 42°
4. 43°
5. 44°

1 まずＰＢに注目しよう

ウォームアップと同様、ＰＢが円の中心を通っていますね。ＰＢと円の交点をＣとしてＡＣを結ぶと、∠ＰＡＣ＝90°となります（図1）。

図1

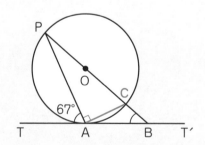

2 接弦定理を使おう

∠PCAは弧PAに対する円周角なので、接弦定理より、∠PCA＝∠PAT＝67°となります。また、∠CAB＝180°−（67°＋90°）＝23°です（図2）。

図2

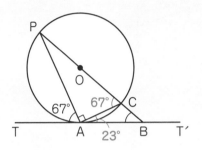

さらに、∠PCAは△ABCの∠Cの外角ですから、23°＋∠CBA＝67°となり、∠CBA＝67°−23°＝44°が分かります。

よって、∠PBA＝∠CBA＝44°で、正解は「5」です。

正解 5

接弦定理はキソ知識**4**をチェック。この形は接弦定理だったね！

ここでは△ABCに注目したけど、△PACや△PABに注目して解くこともできるよ。いろんな方法を試してみてね。

三角形の外角については、キソ知識**1**をチェック！

☑ココをCHECK！

◆ 図の形から接弦定理を考えて、補助線を引こう。
◆ 角度についての定理をしっかり頭に入れよう。

次の図において、四角形ＡＢＣＤは円に内接している。∠ＢＣＤの値として、正しいのはどれか。

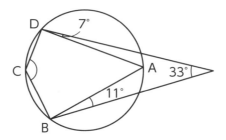

1. 128°
2. 129°
3. 130°
4. 131°
5. 132°

---

1 四角形ＡＢＣＤに注目しよう

四角形ＡＢＣＤが円に内接していることから、∠ＢＣＤ＋∠ＤＡＢ＝180°の関係が成り立ちます。これより、∠ＤＡＢの大きさが分かれば答えがでますね。

2 ∠ＤＡＢを求めよう

図１のように、33°の頂点をＥ、ＤＡの延長線と辺ＢＥの交点をＦとします。

図1

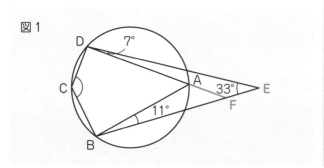

ヒトコト

円に内接する四角形については、キソ知識**5**をチェック！

　すると、△ＤＦＥの内角と外角の関係から、∠ＤＦＢを求めることができ、∠ＤＦＢ＝∠ＥＤＦ＋∠ＦＥＤ＝7°＋33°＝40°となります。

　さらに、△ＡＢＦの内角と外角の関係から∠ＤＡＢを求めると、∠ＤＡＢ＝∠ＡＢＦ＋∠ＢＦＡ＝11°＋40°＝51°となります（図2）。

図2

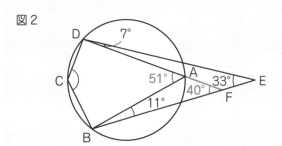

　∠ＤＡＢ＝51°を最初に確認した∠ＢＣＤ＋∠ＤＡＢ＝180°に代入すると、次のようになります。

$$∠ＢＣＤ＋51°＝180°$$
$$よって、∠ＢＣＤ＝180°－51°＝129°$$

　これより、∠ＢＣＤ＝129°となり、正解は「2」です。

正解 2

✅ ココをCHECK！

◆ 四角形が円に内接しているときに使える定理を確認しよう！

　等脚台形ＡＢＣＤの紙を下図のように折った。∠ＡＢＣ＝70°，∠ＢＡＣ＝65°，∠ＡＤＣ＝110°であるとき，∠ＢＣＤの角度として，最も妥当なのはどれか。ただし，図は必ずしも正しくないものとする。

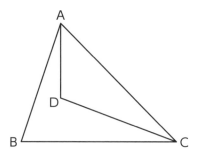

1．5°
2．10°
3．15°
4．20°
5．25°

---

1 ∠ＢＣＤの求め方を考えよう

　次の図のように，△ＡＤＣを広げたときのＤの位置をＤ′とします。すると，△ＡＤＣと△ＡＤ′Ｃは合同で∠ＡＤＣ＝∠ＡＤ′Ｃ＝110°となり，また，図の2つの●，2つの○の角度はそれぞれ等しくなります。
　また，等脚台形の性質から，∠Ｄ′ＡＢ＝∠ＡＤ′Ｃ＝110°，∠ＡＢＣ＝∠Ｄ′ＣＢ＝70°です。

ナンデ？

△ＡＤＣの部分を広げて△ＡＤ′Ｃになったからね。

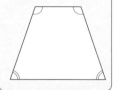

ヒトコト

等脚台形は，底辺の両端の内角が等しい台形で，跳び箱のような形。

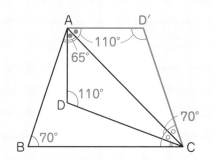

　ここで、図から、∠ＢＣＤの求め方を考えましょう。まず、○の角度が分かれば∠ＢＣＤが求められますね。

　次に、○の角度は、△ＡＤＣ（または△ＡＤ´Ｃ）の内角から、●の角度が分かれば求められます。さらに、●の角度は∠Ｄ´ＡＢ＝110°から求められます。これで∠ＢＣＤを求める道筋ができました。

2　∠ＢＣＤを求めよう

　まず、∠Ｄ´ＡＢ＝110°より●の角度＝110°－65°＝45°です。続いて、△ＡＤＣ（または△ＡＤ´Ｃ）の内角より○の角度＝180°－（110°＋45°）＝25°となります。

　最後に、∠Ｄ´ＣＢ＝70°より、

$$∠ＢＣＤ＝70°－（25°×2）＝20°$$

と決まります。

　これより、正解は「4」です。

正解 4

ココをCHECK！

◆　どの角度が必要なのかを追って、問題を解く道筋を考えよう。

難易度｜★ ★ ☆

2018年　警視庁Ⅰ類

次の図で、ＡＢ＝ＤＥ，ＢＣ＝ＣＤのとき、∠ＣＥＤの大きさとして、最も妥当なのはどれか。

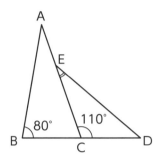

1．20°
2．25°
3．30°
4．35°
5．40°

1　△ＣＤＥを回転させよう

条件より、すぐに分かる角度を書き加えていきましょう。まず、∠ＡＣＢ＝180°－110°＝70°が分かり、これより∠ＢＡＣ＝180°－（80°＋70°）＝30°となります。しかし、△ＣＤＥに関しては、このままでは分からないですね。

そこで、ＢＣ＝ＣＤに注目し、図のように、ＢＣとＣＤが重なるように△ＣＤＥを点Ｃを中心に回転させてみましょう。

この問題のように長さの等しい辺があるときは、回転させて、その辺同士をくっつけて考えてみるのもアリ！

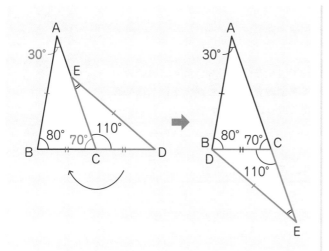

2 ∠CEDを求めよう

　頂点Bと頂点Dが重なり、条件のAB＝DEから、△A
BE（△ADE）は二等辺三角形になりますね。
　よって、∠CED＝30°となり、正解は「3」です。

正解 3

✅ココをCHECK！

◆ △CDEを回転させることに気付くかがポイント。考え方を覚
えよう！

たいていの問題は三角形の性質を使って解きます。公式や定理も必要ですが、うまく補助線を引けるかがポイントになることも多いので、粘り強く取り組みましょう。

頻出度
警察 ★ ★ ★ ☆ ☆
消防 ★ ★ ★ ☆ ☆

キソ知識 **1** 三平方の定理と3辺の比

長さの問題を解くうえで欠かせないのが直角三角形の三平方の定理（ピタゴラスの定理）です。直角三角形において、直角を挟む2辺の2乗の和が、斜辺の2乗と等しくなります（図1）。

図1

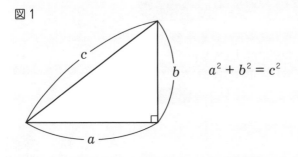

$$a^2 + b^2 = c^2$$

次に、直角三角形の中で、特別な例を紹介します。

まずは、3つの角度が30°，60°，90°と、45°，45°，90°の直角三角形（図2）で、これらは「三角定規」の形です。それぞれの角度と3辺の比を覚えましょう。

図2

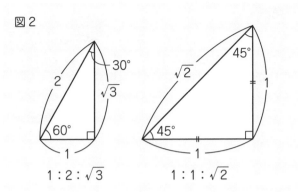

1 : 2 : √3　　　　　　1 : 1 : √2

続いて、3辺の比がすべて整数になる直角三角形です。代表的な例（図3）については、比を覚えておくと問題を解くうえで便利です。

図3

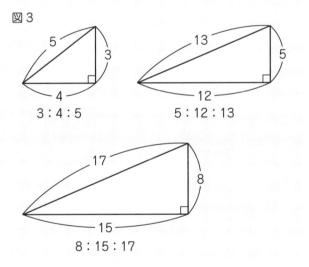

3 : 4 : 5　　　　　　5 : 12 : 13

8 : 15 : 17

ポイント

左の直角三角形は正三角形を半分にしたもので、底辺を1とすると斜辺が2になるね。2と√3の位置を間違えないようにね。

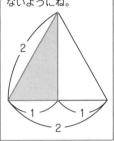

ヒトコト

3:4:5が一番メジャーだけど、5:12:13、8:15:17もまとめて覚えよう。

形が同じで大きさが違う図形を「相似」といいます。図4の△ＡＢＣと△Ａ′Ｂ′Ｃ′のように、相似な図形は対応する角度が等しく、対応する辺の比が等しくなります。この比を相似比といいます。

ヒトコト

形も大きさも同じだったら、「合同」だね。

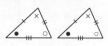

図4

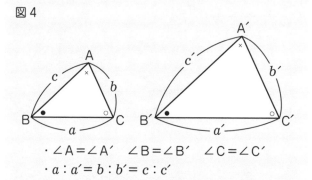

・∠A＝∠A′　∠B＝∠B′　∠C＝∠C′
・$a : a' = b : b' = c : c'$

相似な三角形の例として、次の形を覚えましょう（図5）。
ＢＣ∥ＤＥより、△ＡＢＣと△ＡＤＥは相似になり、対応する辺の比が等しくなります。

ナンデ

下図の2つの●，○はそれぞれ同位角と錯角だから、角度が等しいよね。2組の角が等しければ、相似の関係になるよ。

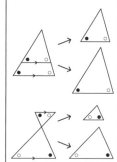

図5

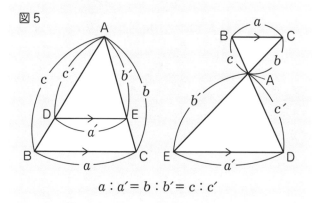

$$a : a' = b : b' = c : c'$$

キソ知識 3 角の二等分線の定理 ✓

図6の△ABCにおいて、∠Aの2等分線とBCとの交点をDとします。このとき、AB：AC＝BD：CDが成り立ちます。

図6

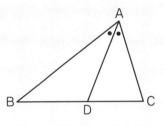

AB：AC＝BD：CD

 キソ知識 4 三角形の重心 ✓

図7の△ABCで、各辺の中点をD，E，Fとして、頂点と向かいの辺の中点を結びます。すると、3本の線は1つの点Gで交わり、この点を重心といいます。重心は3本の中線をそれぞれ2：1に分けます。

図7

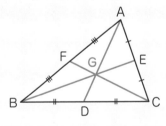

AG：GD＝BG：GE＝CG：GF＝2：1

図5や図6のような三角形を見たら、それぞれの定理を思い出そう。

これを「中線」というよ。

ウォームアップ

2018 年　東京消防庁 I 類

半径 6 cm，中心 O の円と半径 3 cm，中心 O′ の円がある。直線 A B は 2 つの円の共通接線で，A，B は接点である。中心 O と中心 O′ を直線で結ぶ線分 OO′ = 13 cm であるとき，線分 A B の長さとして，最も妥当なのはどれか。

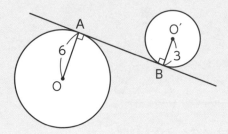

1. $\sqrt{82}$
2. $2\sqrt{21}$
3. $\sqrt{86}$
4. $2\sqrt{22}$
5. $3\sqrt{10}$

1　相似な三角形を作ろう

図のように O と O′ を結び，A B との交点を C とすると，△A O C と△B O′ C は対応する角度が等しいので相似な三角形となり，相似比は 6 : 3 = 2 : 1 になることが分かります。

ヒトコト

キソ知識 2 の図 5 に同じ形があるね。

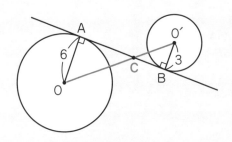

A C または B C の長さが分かれば，A B の長さは相似の

248

関係から求められますね。そこで、△BO′Cに注目して
BCの長さを求めましょう。

2 △BO′Cに注目しよう

　△BO′Cは直角三角形なので、三平方の定理を使って
BCを出します。
　△AOCと△BO′Cの相似比は2：1なので、O′Cの
長さは、OO′＝13cm を2：1に分けて、O′C＝13×

$\dfrac{1}{3} = \dfrac{13}{3}$ （cm）となり、次の式が成り立ちます。

$$3^2 + BC^2 = \left(\dfrac{13}{3}\right)^2$$

$$9 + BC^2 = \dfrac{169}{9}$$

$$BC^2 = \dfrac{169}{9} - 9 = \dfrac{88}{9}$$

$$よって、\ BC = \sqrt{\dfrac{88}{9}} = \dfrac{2\sqrt{22}}{3}$$

計算スルゾ

$$\sqrt{88} = \sqrt{2^3 \times 11}$$
$$= \sqrt{2^2 \times 2 \times 11}$$
$$= 2\sqrt{22}$$

　また、AC：BCも2：1ですから、ABの長さはBC
の3倍になります。よって、線分ABの長さは次のように
求められます。

$$AB = \dfrac{2\sqrt{22}}{3} \times 3 = 2\sqrt{22}$$

これより、正解は「4」です。

正解 **4**

ココをCHECK！

◆　←この形が出てきたら相似の関係を使って解いてみよう。

　下の図のように、半径 4 cm の球が半径 8 cm の下底を持つ円すい台に内接している。このとき、円すい台の上底の半径として、最も妥当なのはどれか。

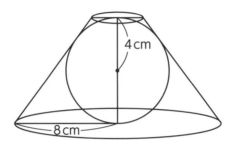

1. 2.0 cm
2. 2.5 cm
3. 3.0 cm
4. 3.5 cm
5. 4.0 cm

1　図を真横から見よう

　図を真横から見ると、球と円すい台は円と台形になりますね。この台形をABCDとして、求める長さを x cm とします。球は円すい台に内接しているので、台形ABCDの各辺は円に接しており、円と接線の関係より、頂点A，Bから接点までの距離がそれぞれ等しくなります。ここまでを表すと、図1のようになります。

図1

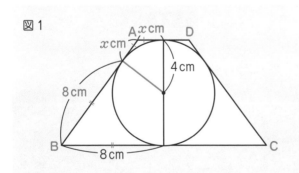

2 直角三角形を作ろう

ここで、図2のようにAからBCに垂線を下ろし、BC
との交点をEとすると、△ABEは直角三角形となります。
辺の長さは、AEは円の直径と同じ長さで8cm、BE＝
$(8 - x)$cm となり、AB＝$(8 + x)$cm となります。

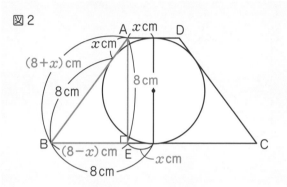

図2

3辺の長さが分かったので、三平方の定理を使って方程
式を立て、x を次のように求めます。

$$8^2 + (8 - x)^2 = (8 + x)^2$$
$$64 + (64 - 16x + x^2) = 64 + 16x + x^2$$
$$-32x = -64 \quad \text{よって、} x = 2$$

計算スルゾ

$$(8 - x)^2$$
$$= 64 \underbrace{- 16x}_{2 \times 8 \times (-x)} + x^2$$

式の展開については、
1章の最後「算数・数
学のキソ知識」を参照。

これより、円すい台の上底の半径は 2.0cm で、正解は
「1」です。

正解 **1**

✓ココをCHECK！

◆ 体積を求めるわけではないから、球である必要がないよね。
　真横から見て平面で考えよう。
◆ AからBCに垂線を下ろすのがポイント。直角三角形が作れれば、
　あとは三平方の定理で x を求めよう。

　下図のように、ＡＢ＝6cm，ＡＤ＝4cmの長方形ＡＢＣＤがあり、点Ｑ，Ｒ，Ｓをそれぞれ辺ＡＤ，辺ＣＤ，辺ＢＣ上に、点Ｐ，Ｔを辺ＡＢ上にとり、点Ｐ，Ｑ，Ｒ，Ｓ，Ｔの順に結ぶ。ＡＰ＝ＢＴ＝2cmとするとき、ＰＱ＋ＱＲ＋ＲＳ＋ＳＴの長さが最小となるときのＡＱの長さとして、最も妥当なのはどれか。

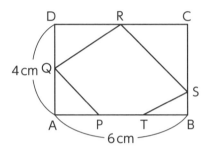

1. $\dfrac{4}{3}$ cm

2. $\dfrac{8}{5}$ cm

3. 2cm

4. $\dfrac{12}{5}$ cm

5. $\dfrac{8}{3}$ cm

1 ＰＱ＋ＱＲから考えよう

　ＰＱ＋ＱＲ＋ＲＳ＋ＳＴの長さのうち、まずはＰＱ＋ＱＲを最小にします。

　図1のように、ＰＡ＝ＡＰ′となるようなＰ′を線分ＡＢの延長線上にとると、ＰＱ＝Ｐ′Ｑより、ＰＱ＋ＱＲ＝Ｐ′Ｑ＋ＱＲとなりますね。

図1

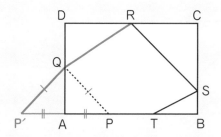

P′Q＋QR（＝PQ＋QR）の長さを最小にするためには、P′Rを直線にして、この線分上にQをおく必要があります（図2）。

図2

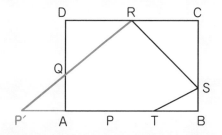

 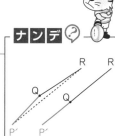

P′Q＋QRの長さを比べると、左図の折れた線よりも右図の直線の方が短いよね。直線にすれば長さは最小になるんだ！

2 RS＋STも考えよう

同様に、RS＋STについてもTB＝BT′となるようなT′を線分ABの延長線上にとると、T′Rを直線にして、この線分上にSをおけば、RS＋ST′（＝RS＋ST）の長さは最小になります（図3）。

253

図3

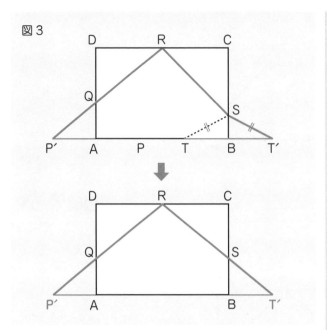

3 PQ+QR+RS+STを考えよう

　最後に、PQ+QR+RS+STについて、図3の
P′R+RT′で考えます。

　図4のように、線分RCを軸としてRT′を対称移動さ
せた線分をRT″とすると、P′T″を直線にして、この線
分上にRをおけば、P′R+RT′の長さは最小になります。

PQ+QRはP′Rが、R
S+STはRT′が最小
だから、P′R+RT′を
最小にすればいいって
こと。

図4

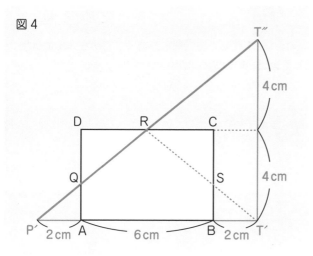

これよりＡＱを求めます。図4の△P′AQと△P′T′T″
は相似なので、P′A：P′T′＝AQ：T′T″より、AQ
の長さは、

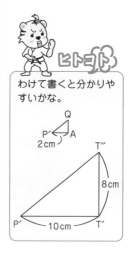

わけて書くと分かりや
すいかな。

$$2：10＝AQ：8$$
$$10AQ＝16　よって、AQ＝\frac{16}{10}＝\frac{8}{5}$$

と求められ、AQ＝$\frac{8}{5}$ cmで、正解は「2」となります。

正解 2

✓ココをCHECK！

◆ ある点とある点の長さを最小にするには直線にする、ということ
を覚えておこう。
◆ この考え方は18章トレーニング3の体積の問題にも出てくるよ。

トレーニング **3**

　辺の長さが 80 cm， 150 cm， 170 cm の三角形がある。この三角形の外接円と内接円の直径の比として、正しいのはどれか。

1. 17 : 5
2. 17 : 6
3. 18 : 7
4. 19 : 7
5. 19 : 8

1　外接円について考えよう

　はじめに、三角形を△ＡＢＣとし、これについてみてみましょう。辺の長さの比は、80：150：170 ＝ 8：15：17 となるので、△ＡＢＣは 170 cm を斜辺とする直角三角形であると分かります（図 1）。

キソ知識**1**をチェック！

図 1

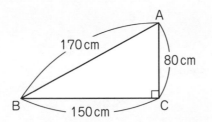

170 cm

80 cm

B　　150 cm　　C

　ここで、△ＡＢＣの外接円を考えてみます。∠Ｃ＝ 90° ということは、ＡＢは円の中心（外心）を通る直径であり、外接円の直径は 170 cm になると分かります（図 2）。

三角形の外側に接している円が外接円、内側に接している円が内接円。
そして、外接円の中心を外心、内接円の中心を内心というよ。

15 章のキソ知識**3**にある円周角と中心角の関係だね。

図2

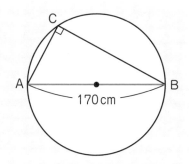

A ——— 170cm ——— B

2 内接円について考えよう

　次に、△ABCの内接円を考えましょう。中心（内心）をO、半径を r cm とし、三角形の面積を求める式を立てて、r を求めることにします（図3）。

図3

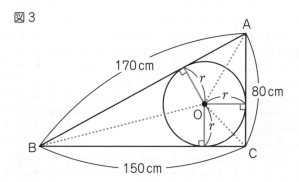

　図3のように、OとA，B，Cを結び、△ABCを△OAB，△OBC，△OCAの3つに分けます。3つの三角形を足すと△ABCになりますから、△ABCの面積は、次のように半径 r を使って表すことができます。

$$\triangle ABC = \triangle OAB + \triangle OBC + \triangle OCA$$
$$= \frac{1}{2} \times 170r + \frac{1}{2} \times 150r + \frac{1}{2} \times 80r$$
$$= 85r + 75r + 40r$$
$$= 200r \ (\text{cm}^2)$$

また、三角形の面積の公式より、△ABCの面積は

$$\frac{1}{2} \times 150 \times 80 = 6000 \ (\text{cm}^2)$$

なので、rは次のように求められます。

$$200r = 6000 \quad \text{よって、} r = 30$$

これより、内接円の半径は 30 cm で、直径は 60 cm となります。

よって、三角形の外接円と内接円の直径の比は、170 : 60 = 17 : 6 と分かり、正解は「2」です。

正解 2

☑ ココをCHECK！

◆ 三角形の斜辺が外接円の中心を通っていることに気付けるかがポイント。整数比の直角三角形と、円周角と中心角の関係を思い出そう。

◆ 内接円の問題は、三角形の面積を2通りで表して求めるのが定番の解法！

次の図のような、6つの角がすべて等しい六角形がある。この六角形のうち4つの辺の長さが分かっているとき、辺ＢＣの長さとして、最も妥当なのはどれか。

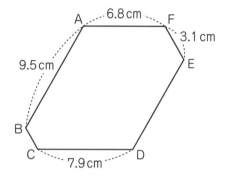

1．2.0cm
2．2.1cm
3．2.2cm
4．2.3cm
5．2.4cm

1　1つの角を求めよう

まず、内角を求めるところから始めます。六角形の内角の和は180°× 4 ＝ 720°なので、1つの角は、720 ÷ 6 ＝ 120°となりますね。

といっても、このままの形では何も見えてきませんね。そこで、図1のようにそれぞれの辺をのばして、大きな三角形を作り、これを△ＧＨＩとします。

六角形ＡＢＣＤＥＦの外角は180°－ 120°＝ 60°となるので、△ＧＢＡ，△ＣＨＤ，△ＦＥＩはどれも正三角形になり、△ＧＨＩも正三角形になることが分かります。

ヒトコト

n 角形の内角と外角については、15章のキソ知識1をチェック！

ナンデ❓

内角のうち2つが60°だから、もう1つも60°。これで正三角形に決まるね。

図1

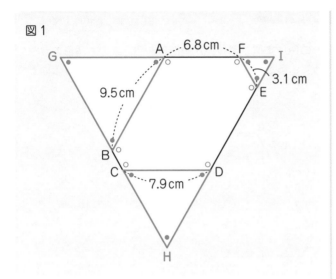

2 △GHIから辺BCの長さを求めよう

　ここで、BC＝$x$cmとし、GA，GB，CH，FIの
長さを書き入れると、図2のようになります。

図2

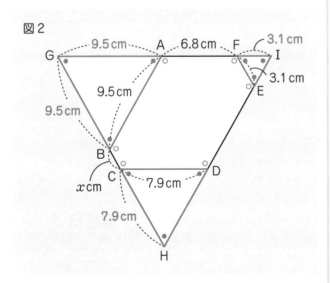

　△GHIは正三角形で、3辺の長さが等しいことから、
次の式が成り立ちます。

GH＝GIより、
　9.5 ＋ x ＋ 7.9 ＝ 9.5 ＋ 6.8 ＋ 3.1
よって、x ＝ 6.8 ＋ 3.1 － 7.9 ＝ 2.0

これより、辺BCの長さは2.0cmで正解は「1」です。

正解 1

✓ココをCHECK！

◆ 外角が60°だということに注目して補助線を引き、大きな三角形
　を作ろう。

2乗すると a になる数を a の平方根といい、$\sqrt{}$（ルート）を使って表します。例えば、7の平方根は $\sqrt{7}$ と $-\sqrt{7}$ です。$\sqrt{a}$ は、2乗すると a となります。

<例>　$\left(\sqrt{7}\right)^2 = 7$　　$\sqrt{9} = \sqrt{3^2} = 3$　　$\left(3\sqrt{2}\right)^2 = 9 \times 2 = 18$

$\sqrt{a}$ は a を素因数分解（2章参照）することによって、ルートの中を小さくすることができます。

<例>

$$\sqrt{12} = \sqrt{2^2 \times 3} = 2\sqrt{3}$$
$$\sqrt{27} = \sqrt{3^3} = \sqrt{3^2 \times 3} = 3\sqrt{3}$$

$$\sqrt{90} = \sqrt{2 \times 3^2 \times 5} = 3\sqrt{10}$$
$$\sqrt{\frac{75}{4}} = \sqrt{\frac{3 \times 5^2}{2^2}} = \frac{5\sqrt{3}}{2}$$

ルートの掛け算と割り算は、ルートの前と中をそれぞれ掛けたり割ったりします。

<例>　$3\sqrt{2} \times 4\sqrt{3} = 12\sqrt{6}$　　$4\sqrt{5} \times \sqrt{5} = 4 \times 5 = 20$

$8\sqrt{14} \div 2\sqrt{7} = 4\sqrt{2}$

$7\sqrt{6} \times \dfrac{4\sqrt{3}}{9} = \dfrac{28\sqrt{18}}{9} = \dfrac{28 \times 3\sqrt{2}}{9} = \dfrac{28\sqrt{2}}{3}$

ルートの足し算と引き算は、ルートの中が等しいとき、ルートの前を足したり引いたりします。

<例>　$9\sqrt{2} + 4\sqrt{2} = 13\sqrt{2}$

$\sqrt{80} - \sqrt{20} + \sqrt{45} = 4\sqrt{5} - 2\sqrt{5} + 3\sqrt{5} = 5\sqrt{5}$

KNOWLEDGE
IS
POWER!

面積

頻出度

警察 ★ ★ ★ ★ ★
消防 ★ ★ ★ ★ ☆

三角形の面積では、比を使う問題が頻出です。円や扇形の面積は、多角形と組み合わせて求める方法を覚えましょう。

キソ知識 1 高さ(または底辺)が等しい三角形 ✓

図1のように、高さが等しく底辺が a, b の2つの三角形について面積比を考えます。高さを r、それぞれの面積を S_1, S_2 とすると、三角形の面積は、「$\frac{1}{2}$ ×底辺×高さ」で求めることができるので、$S_1 = \frac{1}{2} ar$, $S_2 = \frac{1}{2} br$ となりますね。これより、面積比は $S_1 : S_2 = \frac{1}{2} ar : \frac{1}{2} br = a : b$ となることが分かります。2つの三角形の高さは等しいので、底辺のみが面積比に関わり、面積比 $S_1 : S_2$ は底辺比 $a : b$ と等しくなるわけです。

図1

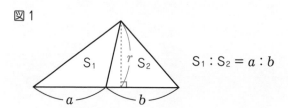

$$S_1 : S_2 = a : b$$

これと同様に、底辺が等しく高さが $a : b$ の場合は、面積比は高さの比と等しく、$S_1 : S_2 = a : b$ となります。

キソ知識 2 相似な図形

図2の2つの三角形が相似だとすると、相似比（長さの比）は $a:b$ ですね。このとき、面積比は相似比を2乗して $a^2:b^2$ になります。

図2

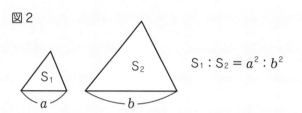

$S_1:S_2 = a^2:b^2$

キソ知識 3 1つの角度が等しい三角形

図3の左右2つの三角形は、底辺, 高さ共に等しくなく、相似でもありませんが、対頂角により1つの角度が等しい三角形です。このような三角形では、その角を挟む2辺の積の比が面積比になります。

図3

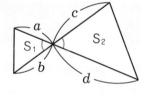

$S_1:S_2$
$= (a \times b):(c \times d)$

この関係は三角形に限ったことじゃないんだ。
例えば下の円の場合、
$S_1 = 1^2\pi = \pi$
$S_2 = 3^2\pi = 9\pi$ だから
$S_1:S_2 = \pi:9\pi = 1:9$ だね。

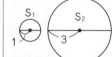

相似比は1:3
面積比は $1^2:3^2 = 1:9$

ナンデ？
扇形は円の一部と考えるんだね。

　円の面積は、半径を r とすると πr^2 で計算できます。また、扇形の面積は、<u>円の面積に中心角の割合を掛けて求</u>めます（図4）。

図4

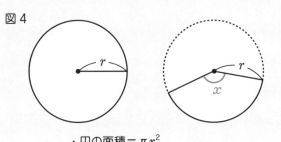

・円の面積＝ πr^2

・扇形の面積＝ $\pi r^2 \times \dfrac{x}{360}$

2019年 警視庁Ⅰ類

下の図の長方形ＡＢＣＤの面積は 40cm² で、ＢＣ：ＣＦ＝３：１となるように点Ｆをとる。線分ＡＦと辺ＣＤとの交点をＥとするとき、台形ＡＢＣＥの面積として、最も妥当なのはどれか。

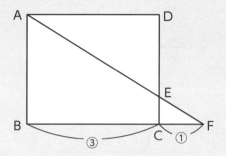

1. 23cm²
2. 24cm²
3. 25cm²
4. 26cm²
5. 27cm²

---

1 △ＦＡＢと△ＦＥＣに注目しよう

長方形ＡＢＣＤの面積が分かっているので、これと求める台形の面積を比で表すことを考えましょう。

まず、図１の△ＦＡＢと△ＦＥＣについて見ると、ＥＣ∥ＡＢより２つの角●と○はそれぞれ等しいので、△ＦＡＢと△ＦＥＣは相似ですね。相似比はＦＢ：ＦＣ＝４：１、面積比は $4^2 : 1^2 = 16 : 1$ ですから、△ＦＥＣの面積を ① とすると△ＦＡＢは ⑯ となり、台形ＡＢＣＥの面積は ⑮ と表すことができます。

●どうし、○どうしはそれぞれ同位角だね。

ナンデ

台形ＡＢＣＥは△ＦＡＢから△ＦＥＣを引いたものだからね。

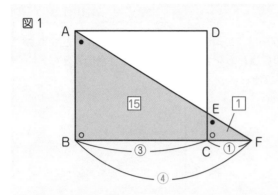

図1

2 △AEDと△FECに注目しよう

次に、△AEDと△FECに注目します（図2）。先ほどと同様、2つの角●●と○○はそれぞれ等しいので、△AEDと△FECは相似ですね。

相似比はAD：FC＝3：1、面積比は$3^2 : 1^2 = 9 : 1$となるので、△FECの面積を$\boxed{1}$とすると、△AEDは$\boxed{9}$と表すことができます。

AD∥FCだから、●●どうし、○○どうしはそれぞれ錯角！

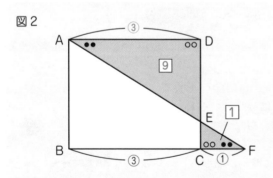

図2

これより、△FECの面積を$\boxed{1}$とすると、台形ABCEは$\boxed{15}$、長方形ABCDの面積は$\boxed{15}$＋$\boxed{9}$＝$\boxed{24}$で、台形ABCE：長方形ABCD＝15：24＝5：8となります。

よって、台形ABCEの面積を$x\,\mathrm{cm}^2$とすると、xは次のように求められます。

$$x : 40 = 5 : 8$$
$$8x = 200 \quad よって、x = 25$$

　これより、台形ＡＢＣＥの面積は $25\,\mathrm{cm}^2$ となり、正解は「3」です。

正解 3

✅ ココをCHECK！

◆ 長方形と台形の面積を、相似な三角形を使って比で表そう。

トレーニング **1**

　△ＡＢＣにおいて、辺ＡＢを１：２に内分する点をＰ、辺ＢＣを１：２に内分する点をＱ、辺ＣＡを１：２に内分する点をＲとする。△ＰＱＲと△ＡＢＣの面積比として、正しいのはどれか。

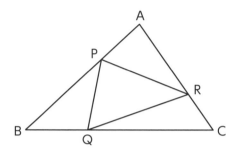

1. 1：2
2. 1：3
3. 1：4
4. 1：5
5. 1：6

1　面積比を使える解き方を考えよう

　△ＰＱＲと△ＡＢＣは相似でもなく、底辺が等しくもないので、このまま比を求めるのは難しそうですね。そこで見方を変えて、△ＰＱＲ＝△ＡＢＣ－（△ＡＰＲ＋△ＢＱＰ＋△ＣＲＱ）とすると、△ＡＰＲ，△ＢＱＰ，△ＣＲＱはそれぞれ△ＡＢＣと1つの角度が等しい三角形になりますね。これを手掛かりに面積比を考えていきましょう。

キソ知識3を確認！

2　面積比を求めよう

　まず、△ＡＰＲと△ＡＢＣについて、２つの三角形は∠Ａが共通ですね（図1）。Ａを挟む２辺の比が面積比になることから、面積比は△ＡＰＲ：△ＡＢＣ＝（１×２）：（３×３）＝２：９となります。

図1

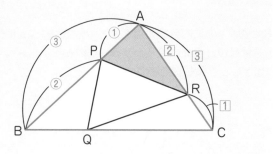

同様に、図2より、△BQPと△ABCは∠Bが共通で、面積比は△BQP：△ABC＝2：9となります。さらに、△CRQと△ABCは∠Cが共通で、面積比は△CRQ：△ABC＝2：9となりますね。

図2

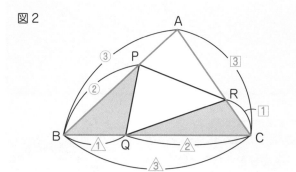

これより、△APR：△BQP：△CRQ：△ABC＝2：2：2：9が成り立ち、△APR＝△BQP＝△CRQ＝②，△ABC＝⑨とすると、△PQR＝⑨－②×3＝③になります。

これより、△PQR：△ABC＝3：9＝1：3で、正解は「2」です。

正解 2

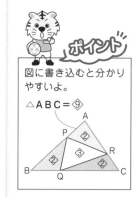

✓ ココをCHECK！

◆ 相似な三角形や底辺が等しい三角形が見つからなくても、1つの角度が等しい三角形があれば、面積比を求められるよ。

△ＡＢＣにおいて辺ＢＣを２：１に内分する点をＰ、辺ＡＢを１：３に内分する点をＱ、線分ＡＰと線分ＣＱとの交点をＲとする。このとき、△ＡＱＲの面積と△ＣＰＲの面積の比として、最も妥当なのはどれか。

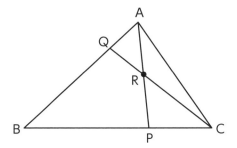

1. 1：1
2. 2：3
3. 1：2
4. 3：5
5. 4：9

---

1 ＡＲ：ＲＰを求めよう

∠ＡＲＱ＝∠ＣＲＰより、△ＡＱＲと△ＣＰＲは１つの角度が等しいので、その面積比は、

対頂角だね。

$$(ＡＲ×ＱＲ):(ＲＰ×ＲＣ)$$

で求めることができます。そこで、条件からＡＲ：ＲＰとＱＲ：ＲＣを求めてみましょう。

まずはＡＲ：ＲＰについて、次のように考えます。

図１のように、点ＰからＣＱと平行な直線を引き、これとＡＢとの交点をＳとすると、ＢＳ：ＳＱ＝ＢＰ：ＰＣ＝２：１が成り立つので、ＢＱ（③）を②と①に分けることができます。

上図で、ＤＥ∥ＢＣのとき$a:b=c:d$が成り立つんだ。図の形で覚えよう！

図1

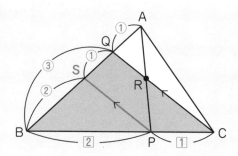

　これより、今度は△AQRと△ASPに注目すると（図2）、QR∥SPより、AR：RP＝AQ：QS＝1：1が分かります。

図2

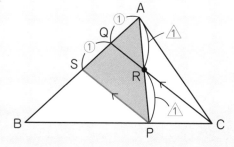

2　QR：RCを求めよう

　次にQR：RCを求めます。図3のように、点QからAPと平行な直線を引き、これとBCとの交点をTとすると、BT：TP＝BQ：QA＝3：1が成り立つので、BP（2）を$\frac{3}{2}$と$\frac{1}{2}$に分けることができます。

AR：RPと同じ考え方だね。

┌─── ＋－ ×÷ 計算スルゾ ───

$2 \times \dfrac{3}{3+1} = \dfrac{3}{2}$

$2 \times \dfrac{1}{3+1} = \dfrac{1}{2}$

比の計算は4章のキソ知識（4）でチェック！

図3

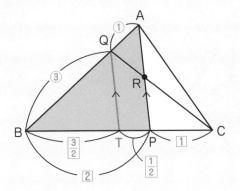

　これより、今度は、△CRPと△CQTに注目すると（図4）、RP∥QTより、CR：RQ＝CP：PE＝1：$\frac{1}{2}$＝2：1となり、QR：RC＝1：2が分かります。

図4

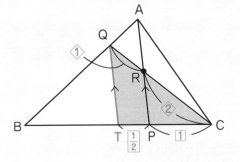

　よって、△AQRと△CPRの面積比は（1×1）：（1×2）＝1：2となり、正解は「3」です。

正解 3

ここまでで求めた比の値を図にかくと下図のようになるよ。

☑️ ココをCHECK！

◆ 補助線を引いて相似な三角形を作り、比の値を求めよう。

2016年 東京消防庁Ⅰ類

図アは、半径3cm, 中心角90°の扇形である。この扇形を2つ重ね合わせ、図イのような正方形を作った。このとき、図イの斜線部分の面積として、最も妥当なのはどれか。ただし、円周率はπとする。

図ア

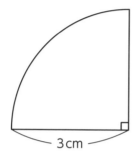

3cm

図イ

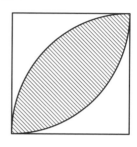

1. $\dfrac{9}{2}\pi\,\text{cm}^2$

2. $9\pi\,\text{cm}^2$

3. $9\pi - 9\,\text{cm}^2$

4. $\dfrac{9}{2}\pi - 9\,\text{cm}^2$

5. $9\pi - \dfrac{9}{2}\,\text{cm}^2$

図アから斜線部分の面積を考えよう

　円や扇形を含んだ図形は、図形を足したり引いたり部分的に移動させたりして、面積を求めます。

　この問題の場合、図イの斜線部分を半分に切った形で考えると、次の図のように図ア（半径3cm、中心角90°の扇形）から直角三角形（底辺＝高さ＝3cm）を引けばよいことが分かりますね。

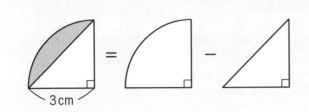

扇形と三角形の面積の公式より、次のようになります。

$$= 3^2 \pi \times \frac{1}{4} - \frac{1}{2} \times 3 \times 3 = \frac{9}{4} \pi - \frac{9}{2}$$

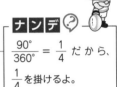

ナンデ❓

$\dfrac{90°}{360°} = \dfrac{1}{4}$ だから、$\dfrac{1}{4}$ を掛けるよ。

求める面積はこれの 2 倍ですから、

$$= \left(\frac{9}{4}\pi - \frac{9}{2}\right) \times 2 = \frac{9}{2}\pi - 9$$

となり、斜線部分の面積は $\left(\dfrac{9}{2}\pi - 9\right)$ cm^2 で正解は「4」
です。

正解 4

✓ ココをCHECK!

◆ 円や扇形を含む図形の面積は、図形の組み合わせを考えて求めよう。

難易度 | ★ ☆ ☆

2019年 東京消防庁 I 類

下の図のように、1辺が 2 の正方形を 45° 回転させた。斜線部分の面積として、最も妥当なのはどれか。

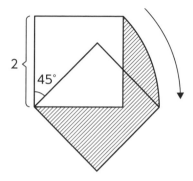

1. π
2. $2 + \pi$
3. 2π
4. $2 + 2\pi$
5. 3π

図形を移動させよう

この問題は、図形を移動させて面積を求めましょう。斜線部分の下半分は正方形のちょうど半分ですね。これを上に移動させると図のような扇形になります。

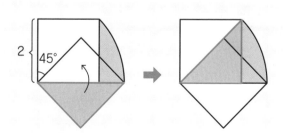

元の図形の斜線部分とこの扇形は面積が等しいので、扇形の面積を求めることにします。

扇形の半径は正方形の対角線で、一辺の長さが 2 の直角二等辺三角形の斜辺とみることができます。よって、長さは $2\sqrt{2}$、中心角は 45° なので、面積は次のようになります。

$$(2\sqrt{2})^2 \pi \times \frac{45°}{360°} = 8\pi \times \frac{1}{8} = \pi$$

これより、斜線部分の面積は π で、答えは「1」です。

正解 1

ナンデ？
45°、45°、90° の直角三角形は長さの比が 1：1：$\sqrt{2}$ だから、斜辺は $2\sqrt{2}$ になるね。

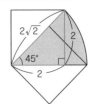

計算スルゾ
$(2\sqrt{2})^2 = 4 \times 2 = 8$

☑ ココをCHECK！

◆ 図の一部を移動させて面積を求めよう。

ちなみに、試験問題にある図は必ずしも正確じゃないから、気を付けよう。図に惑わされないでね。

次の三角形の面積として、正しいのはどれか。

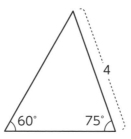

1. $2 + \dfrac{3\sqrt{2}}{4}$

2. $3\sqrt{3}$

3. $4 + \dfrac{4\sqrt{3}}{3}$

4. $6\sqrt{2}$

5. 8

 1 図形の向きを変えよう

このままでは三角形の底辺も高さも分かりませんね。分かるのは、一番上の内角が $180° - (60° + 75°) = 45°$ ということぐらいでしょうか。

ここで、$75°$ が上になるように三角形の向きを変えてみましょう（図1）。これを△ＡＢＣとし、頂点ＡからＢＣに下ろした垂線とＢＣとの交点をＤとします。

図1

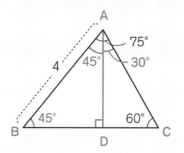

すると、△ＡＢＤ，△ＡＤＣともに、特別な比の三角形だと分かりますので、比を使って底辺と高さを求めることにしましょう。

16章キソ知識 **1** をチェック！ 2つとも三角定規の形だね。

2 △ＡＢＤを考えよう

図2より、△ＡＢＤは直角二等辺三角形でＢＤ＝ＡＤですね。△ＡＢＤは45°，45°，90°の直角二等辺三角形です。

図がＢＤ＝ＡＤに見えないと思った人、いるかな？ この問題のように、正確に描かれていない図があるよ。

図2

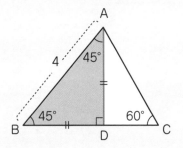

ＡＢとＢＤの辺の比からＢＤを次のように求めます。

$$4 : BD = \sqrt{2} : 1 \quad これより、 BD = 2\sqrt{2}$$

よって、ＢＤ＝ＡＤ＝$2\sqrt{2}$となり、これで△ＡＢＣの高さも分かりました。あとは底辺を求めるのにＤＣの長さが必要ですね。

計算スルゾ
$\sqrt{2}\,BD = 4$
両辺に$\sqrt{2}$を掛けて
$2BD = 4\sqrt{2}$
よって、$BD = 2\sqrt{2}$

3 △ＡＤＣを考えよう

次に、△ＡＤＣについて考えます（図3）。
△ＡＤＣは30°，60°，90°の直角三角形です。

図3

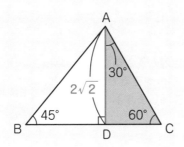

　ADとDCの辺の比からDCを求めると次のようになります。

$$2\sqrt{2} : DC = \sqrt{3} : 1 \quad これより、\quad DC = \frac{2\sqrt{6}}{3}$$

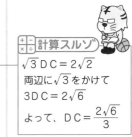
計算スルゾ
$\sqrt{3}DC = 2\sqrt{2}$
両辺に$\sqrt{3}$をかけて
$3DC = 2\sqrt{6}$
よって、$DC = \frac{2\sqrt{6}}{3}$

　これより△ABCの底辺と高さを求めると、次のようになります。

底辺　$BC = BD + DC = 2\sqrt{2} + \frac{2\sqrt{6}}{3}$

高さ　$AD = 2\sqrt{2}$

よって、三角形の面積は、

$$\frac{1}{2} \times \left(2\sqrt{2} + \frac{2\sqrt{6}}{3}\right) \times 2\sqrt{2} = \sqrt{2}\left(2\sqrt{2} + \frac{2\sqrt{6}}{3}\right)$$

$$= 4 + \frac{4\sqrt{3}}{3}$$

となり、正解は「3」です。

計算スルゾ
$\overset{1}{\underset{2}{\sqrt{2}}} \times 2\sqrt{2} = 2 \times 2 = 4$
$\sqrt{12} = 2\sqrt{3}$
$\sqrt{2} \times \frac{2\sqrt{6}}{3}$
$= \frac{2 \times 2\sqrt{3}}{3}$
$= \frac{4\sqrt{3}}{3}$

正解 3

ココをCHECK！

◆ 45°や60°がある直角三角形は、三角定規の形と辺の比を思い出そう。

18 体積と表面積

平面図形に比べると立体図形は頻出度が下がるものの、体積と表面積はわりと出題されます。相似や三平方の定理など、平面図形で学んだことがここにも登場します！

頻出度
警察 ★★★☆☆
消防 ★★★☆☆

キソ知識 1 立体の体積

図1のように、角柱や円柱の体積（V）は、底面積（S）に高さ（h）を掛けて求めます。

図1

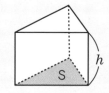 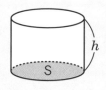

$$V = Sh$$

底面が三角形だったら三角柱、四角形だったら四角柱だよ。

角すいの体積（V）は、角柱の体積の $\frac{1}{3}$ になります。円すいも同様です（図2）。

図2

$$V = \frac{1}{3}Sh$$

「〇〇すい」は先がとがった立体と覚えればOK！「〇〇柱」と混同しないようにね。ちなみに、「すい」は漢字で「錐」と書いて出題されることもあるよ。

球の体積（V）は、半径を r とすると次の公式で求められます（図3）。

図3

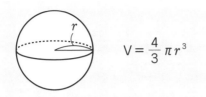

$$V = \frac{4}{3}\pi r^3$$

【キソ知識】**2 相似比と体積比**

図4のように、相似な立体において、相似比（長さの比）が $a:b$ の立体の体積比 $V_1:V_2$ は、相似比を3乗して $a^3:b^3$ になります。

> **ポイント**
> 相似比 $a:b$
> →面積比 $a^2:b^2$
> →体積比 $a^3:b^3$
> 面積比もあわせて確認
> しよう。

図4

$$V_1:V_2 = a^3:b^3$$

【キソ知識】**3 表面積**

円柱の表面積は、図1のように底面の円が2つと側面を広げた長方形1つになります。底面の半径を r、高さを h とすると、長方形のヨコの長さは底面の円周と等しく $2\pi r$ になります。

図1

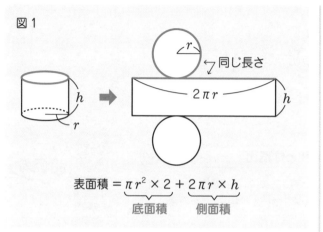

$$\text{表面積} = \underbrace{\pi r^2 \times 2}_{\text{底面積}} + \underbrace{2\pi r \times h}_{\text{側面積}}$$

次に、底面の半径 r、母線の長さ L の円すいの表面積を
みてみましょう（図2）。側面を広げると半径 L，中心角
$x°$ の扇形になります。

また、中心角には、$\dfrac{x}{360} = \dfrac{r}{L}$ という関係があります。

これより、扇形の中心角は、$x = 360° \times \dfrac{r}{L}$ で求められま
す。ややこしい計算をしなくても中心角が分かり、とても
便利です。

ヒトコト

円すいのこの部分を母
線というよ。

図2

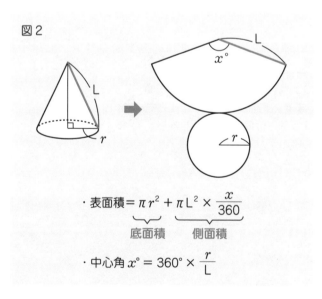

ポイント

この関係はホントに便
利。絶対に覚えてね。
$\dfrac{r}{L}$ は $\dfrac{\text{半径}}{\text{母線}}$ と読むと
覚えやすいよ。

・表面積 $= \underbrace{\pi r^2}_{\text{底面積}} + \underbrace{\pi L^2 \times \dfrac{x}{360}}_{\text{側面積}}$

・中心角 $x° = 360° \times \dfrac{r}{L}$

　球の表面積は、半径を r とすると次の公式で求められます（図3）。体積と併せて公式を覚えましょう。

図3

表面積 $= 4\pi r^2$

下の図のような正四面体A−BCDがある。AB，AC，ADをそれぞれ1：2に分ける点E，F，Gを通る平面で切断し、さらにAB，AC，ADをそれぞれ2：1に分ける点H，I，Jを通る平面で切断する。こうしてできた3つの立体のうち、Aを含む三角錐の体積とBCDを含む立体の体積の比として、最も妥当なのはどれか。

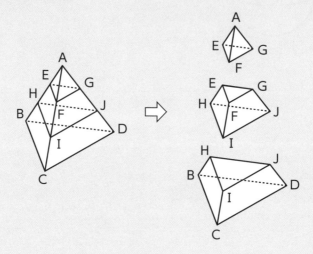

1. 1：5
2. 1：8
3. 1：19
4. 1：23
5. 1：26

1 解き方を考えよう

図1のように、Aを含む三角すいをア、EFGとHIJを含む立体をイ、BCDを含む立体をウとすると、この問題はアとウの体積比を求める問題ですね。

実際にそれぞれの体積を求めることもできますが、<u>ウは正四面体A−BCDからアとイを引いた立体</u>だということに注目して、体積比を求めましょう。

ポイント

全体からアとイを引けばウになるね。

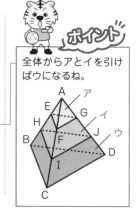

図1

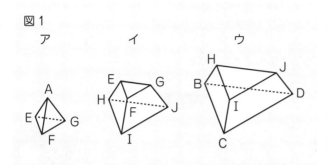

ア　　　　イ　　　　　　　ウ

2 相似比から体積比を求めよう

　A－BCDを真横から見た図で考えます（図2）。点E
はABを1：2に分け、HはABを2：1に分けるので、
AE：EH：HB＝1：1：1となりますね。FとIについ
いても同様に、AF：FI：IC＝1：1：1となります。

図2

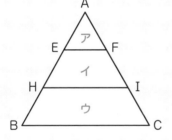

　よって、ア（△AEF）、ア＋イ（△AHI）、ア＋イ＋
ウ（△ABC）は相似で、相似比（長さの比）は1：2：3
です。体積比は、

$$（ア）：（ア＋イ）：（ア＋イ＋ウ）$$
$$＝1^3：2^3：3^3＝1：8：27$$

となり、アの体積を①とすると、ウの体積は正四面体A－
BCD（ア＋イ＋ウ）から（ア＋イ）を引いて、

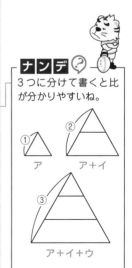

ナンデ❓

3つに分けて書くと比
が分かりやすいね。

① ア

② ア＋イ

③ ア＋イ＋ウ

$$ウ = (ア + イ + ウ) - (ア + イ) = 27 - 8 = 19$$

と表せます。これより、求める体積の比はア：ウ＝1：19
となり、正解は「3」です。

正解 3

☑ココをCHECK！

◆ 立体を真横から見て相似比を考えよう。
◆ 体積比は相似比の 3 乗！　相似な図形を使って体積比を求めよう。

　次の図のように、辺ＯＡが直線 ℓ 上にあり、ＡＢ＝4cm，∠Ｏ＝90°，∠Ｂ＝60°の△ＯＡＢを、ℓ を軸として120°回転させたとき△ＯＡＢが通過する空間の体積として、正しいのはどれか。ただし、円周率はπとする。

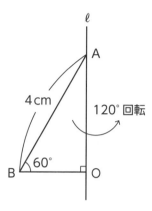

1. $\dfrac{8}{9}\sqrt{3}\,\pi\,\mathrm{cm}^3$

2. $\dfrac{4}{3}\sqrt{3}\,\mathrm{cm}^3$

3. $\dfrac{16}{9}\sqrt{3}\,\mathrm{cm}^3$

4. $\dfrac{8}{3}\sqrt{3}\,\mathrm{cm}^3$

5. $3\sqrt{3}\,\pi\,\mathrm{cm}^3$

1 回転した部分をイメージしよう

　次の図のように、△ＯＡＢは、ℓ を軸にグルっと360°させると円すいになります。120°だけ回転させたときには、このうちの120°までの部分（図1の濃い水色部分）となり、体積は、円すいの体積 × $\dfrac{120}{360}$ で求められます。

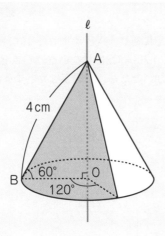

2 円すいの体積から答えを求めよう

　まず、円すいの底面積を求めるのにＯＢの長さが必要ですね。また、高さはＯＡで、この長さも必要です。

　ここで、△ＯＡＢに注目すると、この形は30°，60°，90°の直角三角形で、ＢＯ：ＡＢ：ＯＡ＝1：2：$\sqrt{3}$ ですね。よって、ＡＢ＝4cm のときＢＯ＝2cm となり、さらにＯＡ＝$2\sqrt{3}$cm が分かります。

　これより、求める体積は次のように計算できます。

$$\frac{1}{3} \times \pi \times 2^2 \times 2\sqrt{3} \times \frac{120}{360} = \frac{8}{9}\sqrt{3}\,\pi$$

　よって、△ＯＡＢが通過する空間の体積は $\frac{8}{9}\sqrt{3}\,\pi$ cm³ となり、正解は「1」です。

正解 1

16章キソ知識 1 をチェック！ この三角形は面積の問題にも出てきたね。この後のトレーニングにも出てくるよ！

☑ココをCHECK！

◆ 一回転させると円すいになることに注目しよう。
◆ 特殊な直角三角形の辺の比を忘れずに！

290

１辺の長さが６の正四面体の体積として、正しいのはどれか。

1. $18\sqrt{2}$
2. $18\sqrt{3}$
3. 36
4. $18\sqrt{6}$
5. 72

1 正四面体の形を確認しよう

　図１のような立体ＡＢＣＤを<u>正四面体</u>といい、４つの正三角形の面でできています。頂点Ａから垂線を下ろし、△ＢＣＤとの交点をＥとすると、△ＢＣＤを底面、高さをＡＥとする三角すいとみることができます。

ヒトコト

正四面体については「判断推理」で詳しく学ぶよ。ここでは、面の形と数、立体の形が分かればOK。

図1

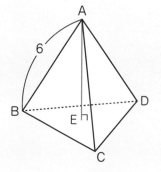

2 正四面体の底面積を求めよう

正四面体の底面である△ＢＣＤは、図２のような一辺が6の正三角形です。ＢからＣＤに垂線ＢＦを下ろすと、△ＢＣＦは30°，60°，90°の直角三角形になるので、ＣＦ＝3，<u>ＢＦ＝$3\sqrt{3}$</u>が分かります。

ナンデ

ＣＦ：ＢＣ：ＢＦ＝1：2：$\sqrt{3}$だから、ＢＣ＝6のときＣＦ＝3，ＢＦ＝$3\sqrt{3}$だね。

図２

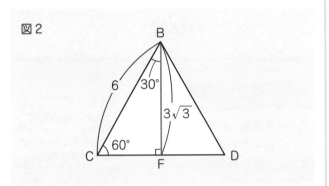

よって、△ＢＣＤは底辺＝6，高さ＝$3\sqrt{3}$で、底面積は次のように求められます。

$$\frac{1}{2} \times 6 \times 3\sqrt{3} = 9\sqrt{3} \quad \cdots ①$$

3 正四面体の高さを求めよう

続いて、正四面体の高さＡＥを求めます。図３より、△ＡＢＥで三平方の定理を使えばＡＥが求められますが、残念ながらＢＥの長さが分かりませんので、先にＢＥを求めましょう。

図3

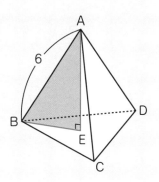

「ＢＥを求める→ＢＥを使って三平方の定理でＡＥを求める」って手順ね。解説が長くなるけど、何を求めているのか見失わないようにね。

図4のように、Ｅは△ＢＣＤのちょうど真ん中のＢＥ＝ＣＥ＝ＤＥの位置にあるので、例えば△ＣＥＦでは∠ＥＣＦ＝30°となり、△ＣＥＦが30°，60°，90°の直角三角形と分かります。

すると、ＣＥ：ＥＦ＝2：1でＢＥ＝ＣＥですから、ＢＥ：ＥＦ＝2：1であることが分かります。つまり、ＢＥはＢＦの $\frac{2}{3}$ の長さということですね。

図4

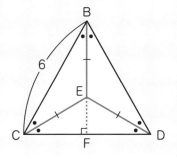

ＢＦ＝$3\sqrt{3}$なので、これよりＢＥ＝$3\sqrt{3} \times \dfrac{2}{3} = 2\sqrt{3}$

が分かります。

ＢＥが求められたので、△ＡＢＥで三平方の定理より、ＡＥを求めます。

②の底面積のところで求めたよ。

$$ＡＥ^2 + ＢＥ^2 = ＡＢ^2$$
$$ＡＥ^2 + (2\sqrt{3})^2 = 6^2$$
$$ＡＥ^2 + 12 = 36$$
$$ＡＥ^2 = 24$$
$$よって、ＡＥ = \sqrt{24} = 2\sqrt{6} \quad \cdots ②$$

図３に戻ろう！

①，②より、底面積＝$9\sqrt{3}$，高さ＝$2\sqrt{6}$が分かったので、三角すい（正四面体）の体積は、

$$\dfrac{1}{3} \times 9\sqrt{3} \times 2\sqrt{6} = 6\sqrt{18} = 6 \times 3\sqrt{2} = 18\sqrt{2}$$

となり、正解は「1」です。

正解 1

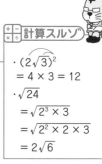

計算スルゾ

・$(2\sqrt{3})^2$
　$= 4 \times 3 = 12$
・$\sqrt{24}$
　$= \sqrt{2^3 \times 3}$
　$= \sqrt{2^2 \times 2 \times 3}$
　$= 2\sqrt{6}$

✓ココをCHECK！

◆ 正四面体は三角すいの形。底面積と高さを求めて体積を計算しよう。

難易度｜★ ☆ ☆

2018年　東京消防庁Ⅰ類

　下の図のような、底面の半径が 4cm，母線の長さが 12cm の円すいがある。底面の円周上の点Aから側面を一周する線を引いたとき、その最短の長さとして、最も妥当なのはどれか。

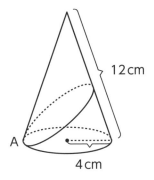

12cm

A

4cm

1. $6\sqrt{2}$cm
2. $6\sqrt{3}$cm
3. $12\sqrt{2}$cm
4. $12\sqrt{3}$cm
5. $16\sqrt{2}$cm

---

1 展開図で考えよう

　円すいの側面を広げた展開図で考えます。図1のように、頂点をOとしてOAから広げると、半径 12cm の扇形OAA′ができ、中心角は $x = 360 \times \dfrac{4}{12} = 120°$ になります。

母線と半径の関係はキソ知識**3**で確認しよう！

図1

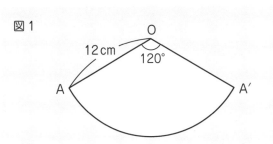

O

12cm

120°

A　　　　　　A′

点Aから側面を一周する線を引くということは、図1では点Aから扇形の中を通ってA′まで線を引くと考えることができます。これが最短の長さになるのは、AA′に直線を引いたときになりますね。

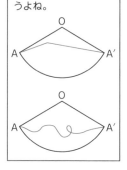
ナンデ
折れ曲がっていたり曲線だったりすると、直線よりも長くなっちゃうよね。

2 AA′を求めよう

図2のようにAとA′を結び、OからAA′に垂線OBを下ろすと、∠AOBは120°の半分で60°となり、△AOBは30°，60°，90°の直角三角形になります。

図2

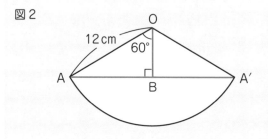

これより、AB＝$6\sqrt{3}$cm が分かり、AA′はこの2倍ですから、$6\sqrt{3} \times 2 = 12\sqrt{3}$cm となります。

よって、正解は「4」です。

正解 4

ナンデ
OB：OA：AB＝1：2：$\sqrt{3}$だから、OA＝12cmのとき、OB＝6cmでAB＝$6\sqrt{3}$cmだね。

☑ココをCHECK！

◆ 側面を広げた展開図で、どこからどこまでの長さを求めるのか考えよう。

◆ ある点から点までの距離が最短になるのは直線を引いたときだね。

　下図のような底面の半径 3、母線の長さ 9 の円錐と表面積が等しい立体として、最も妥当なのはどれか。

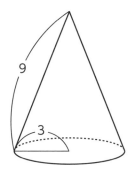

1．1 辺の長さ 6 の正八面体
2．底面の半径 1.5、母線の長さ 4.5 の円錐 2 個を底面同士ぴったり合わせた立体
3．底面の半径 2、高さ 6 の円柱
4．半径 $2\sqrt{3}$ の半球
5．半径 $3\sqrt{2}$ の球

1　円すいの表面積を求めよう

　円すいの展開図は図のようになります。底面は半径 3 の円、側面は半径 9、中心角 $360° \times \dfrac{3}{9} = 120°$ の扇形です。

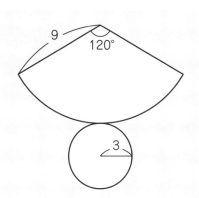

よって、円すいの表面積は次のようになります。

$$3^2 \pi + 9^2 \pi \times \frac{120}{360} = 9\pi + 27\pi = 36\pi$$

これより、選択肢の立体の表面積が 36π になるか確認していきましょう。

ポイント

中心角の公式
$$\frac{x}{360} = \frac{3}{9} = \frac{1}{3}$$
を表面積の公式に直接
合てはめて、
$3^2 \pi + 9^2 \pi \times \frac{1}{3}$ で求
めると早いよ！

2 それぞれの表面積を求めよう

1. <u>正八面体</u>は次のように 8 つの正三角形の面でできています。

   1 辺の長さが 6 の正三角形の面積は $9\sqrt{3}$ なので、この立体の表面積は、$9\sqrt{3} \times 8 = 72\sqrt{3}$ となります。

ヒトコト

正八面体については
「判断推理」で詳しく
学ぶよ。

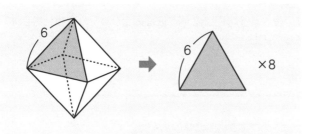

×8

計算スルゾ

一辺が 6 の正三角形の
高さは $3\sqrt{3}$ なので、
$$\frac{1}{2} \times 6 \times 3\sqrt{3} = 9\sqrt{3}$$
$3\sqrt{3}$ の求め方は、トレーニング 2 の ② を参照。

2. 肢 2 の立体は次のようになり、表面積は半径 4.5、中心角 $360 \times \frac{1.5}{4.5} = 120°$ の扇形が 2 つ分です。

   よって、この立体の表面積は、$\left(4.5^2 \pi \times \frac{120}{360}\right) \times 2 = 13.5\pi$ となります。

ヒトコト

肢 1 は、円も扇形も
なく、計算に「π」が
出てこないね。計算す
るまでもなく、誤りだ
と分かるよ。

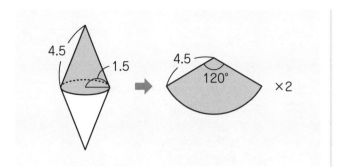

3. 円柱の展開図は円2つと長方形1つになり、長方形の
ヨコの長さは円の円周と等しく4πですね。

よって、表面積は、$(2^2\pi \times 2) + (6 \times 4\pi) = 8\pi + 24\pi = 32\pi$となります。

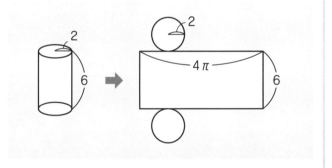

4. 半球の表面積は、球面の部分と底面の円の面積を足して、

$$4\pi \times (2\sqrt{3})^2 \times \frac{1}{2} + \pi (2\sqrt{3})^2 = 24\pi + 12\pi = 36\pi$$

となり、問題の円すいと表面積が等しいと分かります。

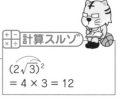

計算スルゾ

$(2\sqrt{3})^2$
$= 4 \times 3 = 12$

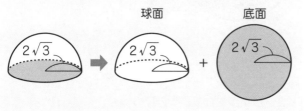

球面　　　底面

$2\sqrt{3}$ → $2\sqrt{3}$ + $2\sqrt{3}$

ヒトコト

キソ知識**3**にあるよ！

5. 肢5は球の表面積の公式に $r = 3\sqrt{2}$ を代入します。

すると、表面積は $4\pi \times (3\sqrt{2})^2 = 72\pi$ となります。

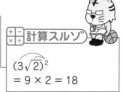

計算スルゾ

$(3\sqrt{2})^2$
$= 9 \times 2 = 18$

これより、円すいと表面積が等しい立体は「4」となります。

正解 4

☑ ココをCHECK！

◆ 立体や展開図を描いて、それぞれの表面積の求め方を確認しよう。

◆ 球の表面積は公式を覚えて活用しよう！

BELIEVE
IN
YOURSELF !

Staff

編集
堀越美紀子

ブックデザイン・カバーデザイン
越郷拓也

イラスト
YAGI

編集協力
髙橋奈央

校正
油井誉子
高山ケンスケ
戸名結人
平井美恵

エクシア出版の正誤情報は、こちらに掲載しております。
https://exia-pub.co.jp/
未確認の誤植を発見された場合は、下記までご一報ください。
info@exia-pub.co.jp
ご協力お願いいたします。

著者プロフィール

西川マキ（にしかわまき）

明治大学理工学部数学科卒業。高校教師を経て、大手資格専門学校にて
公務員講座（数的処理）、就職対策講座（SPI／玉手箱／CAB／GAB等）の
講師を担当。
現在は、大学、専門学校にて同講座を担当するとともに、問題集の執筆
や模擬試験の問題作成などを行う。
丁寧で分かりやすい講義をモットーにしている。
著書：『文系女子のための数的推理 音声付きテキスト＋トコトン問題集
（公務員試験）』『文系女子のための判断推理 音声付きテキスト＋トコト
ン問題集（公務員試験）』『文系女子のためのSPI3突破大作戦テキスト
＆問題集』（いずれもインプレス）

ゼロから特訓！
［大卒程度］警察官・消防官
ストロングテキスト【数的推理】

2020年8月7日　初版第1刷発行

著　者：西川マキ
©Maki Nishikawa 2020 Printed in Japan

発行者：畑中敦子

発行所：株式会社 エクシア出版
　　　　〒101-0031　東京都千代田区東神田2-10-9-8F

印刷・製本：サンケイ総合印刷株式会社

ISBN 978-4-908804-52-6　C1030

ゼロから特訓！

大卒程度 警察官・消防官

ストロングテキスト

【判断推理・空間把握】

▶大卒程度 警察官・消防官試験に必要な「判断推理・空間把握」をまとめた、最強の一冊。

▶算数・数学が苦手な受験生もゼロから学べる、とことん丁寧な解説。

▶各章ごとに、ポイントと最初の問題「ウォームアップ」を動画でしっかりレクチャー。

エクシア出版　https://exia-pub.co.jp/